拼了老命
你也做不出伟大的作品

——— 写给创意总监的实用工作指南 ———

［爱尔兰］保罗·伍兹——著
韩大力——译

北京联合出版公司
Beijing United Publishing Co.,Ltd.

图书在版编目（CIP）数据

拼了老命，你也做不出伟大的作品：写给创意总监的实用工作指南 /（爱尔兰）保罗·伍兹著；韩大力译. -- 北京：北京联合出版公司，2021.4
ISBN 978-7-5596-4954-6

Ⅰ.①拼… Ⅱ.①保… ②韩… Ⅲ.①工作方法—通俗读物 Ⅳ.①B026-49

中国版本图书馆CIP数据核字(2021)第023264号

Text and illustrations © 2019 Paul Woods.
Paul Woods has asserted his right under the Copyright, Designs, and Patents Act 1988, to be identified as the Author of this Work.
Translation © 2021 Ginkgo (Beijing) Book Co.,Ltd.

The original edition of this book was designed, produced and published in 2019 by Laurence King Publishing Ltd., London under the title How to Do Great Work without Being an Asshole. This Translation is published by arrangement with Laurence King Publishing Ltd. for sale/ distribution in The Mainland (part) of the with People's Republic of China (excluding the territories of Hong Kong SAR, Macau SAR and Taiwan Province) only and not for export therefrom.

Simplified Chinese edition copyright © 2021 by GINKGO (BEIJING) BOOK CO.,LTD.
本书中文简体版权归属于银杏树下（北京）图书有限责任公司。

拼了老命，你也做不出伟大的作品：写给创意总监的实用工作指南

著　　者：[爱尔兰] 保罗·伍兹
译　　者：韩大力
出 品 人：赵红仕
选题策划：银杏树下
出版统筹：吴兴元
编辑统筹：郝明慧
特约编辑：刘叶茹
责任编辑：管　文
营销推广：ONEBOOK
封面设计：墨白空间·李国圣

北京联合出版公司出版
（北京市西城区德外大街83号楼9层　100088）
天津图文方嘉印刷有限公司　新华书店经销
字数180千字　889毫米×1194毫米　1/32　4.5印张
2021年4月第1版　2021年4月第1次印刷
ISBN 978-7-5596-4954-6
定价：60.00元

后浪出版咨询(北京)有限责任公司 常年法律顾问：北京大成律师事务所　周天晖　copyright@hinabook.com
未经许可，不得以任何方式复制或抄袭本书部分或全部内容
版权所有，侵权必究
本书若有质量问题，请与本公司图书销售中心联系调换。电话：010-64010019

目录

序   8
    混蛋是条不归路   9
    自序   10

做个好人是笔好买卖   13
    创意行业的不良风气   14
    创意行业的陋习   15
    不计代价追求卓越   16
    什么变了？   17
    好的文化   18
    糟糕的文化   19
    做个好人是笔好买卖   21
    我是个混蛋吗？   22

自我   25
    理解极端自我分子   26
    极端自我分子分类   27
    极端自我分子的想法   28
    极端自我分子会影响业绩   29
    创造一个不自我的文化   29

会议 33

- 混蛋和会议 34
- 我真的需要开会吗？ 36
- 如何高效地开会？ 36
- 我应该开会吗？ 37
- 不要拿到会议上来谈的话题 39
- 会议礼节 41

项目推介 43

- 创意行业的免费推介 44
- 招标要求 45
- 反对免费推介的观点 46
- 为什么免费推介没什么用？ 46
- 创意报告工作坊 49
- 我应不应该做推介？ 50
- 免费推介：缓慢的改变 55

项目范围规划 57

- 糟糕的项目范围有什么毛病 58
- 我该如何给一个项目定价？ 60
- 总价固定的项目 vs. 敏捷项目 61
- 敏捷项目如何定义项目范围 62
- 一个总价固定的项目如何定义项目范围 63
- 撰写总价固定项目的项目范围 64
- 固定范围项目的成本计算器 65

项目简报 67

糟糕的简报专为混蛋设计	68
做简报还是不做简报	69
糟糕的简报	70
如何正确地做项目简报	70
如何撰写一份超棒的简报文档	72
一个良好的简报分解	73
视觉化的项目简报	75
视觉词汇练习	76

反馈 79

如何不给反馈	80
给反馈的行为规范	83
我的反馈水平怎么样	84
接受反馈的行为规范	85

项目展示 87

"大揭秘"式的展示	88
检查作品不仅仅是在最终展示的时候	89
展示行为准则	90
针对非混蛋的展示基础教学	91
如何创建超棒的项目展示板	92

加班 95

可持续工作才是更好的工作方式	96
我加班过度了吗？	97

如何创造出一种可持续的工作环境　　　　　　98
用敏捷方法论实现可持续工作　　　　　　　100
团队加班，你应该奖励他们什么？　　　　　103
当我需要我的团队加班的时候怎么办？　　　104
记住：这只是份工作而已　　　　　　　　　105

客户　　　　　　　　　　　　　　　　　107

关于客户的一些真相　　　　　　　　　　　108
传统公司的客户管理　　　　　　　　　　　108
优先级　　　　　　　　　　　　　　　　　109
维护长久的客户关系的秘诀　　　　　　　　110
客户的沉思　　　　　　　　　　　　　　　112
难搞的客户　　　　　　　　　　　　　　　113
混蛋客户　　　　　　　　　　　　　　　　114
客户从创意公司获得最佳服务的10条小贴士　115

雇主和雇员　　　　　　　　　　　　　　117

基本的工作申请礼节　　　　　　　　　　　118
为了不搞砸你的下一场面试，你该做些什么？　119
谈薪水　　　　　　　　　　　　　　　　　120
面试时要留意以下几点　　　　　　　　　　122
好的Offer和不好的Offer　　　　　　　　　123
付钱给你的实习生　　　　　　　　　　　　124
对待实习生的礼节　　　　　　　　　　　　125

离职与开除　　　　　　　　　　　　　　127

分道扬镳并不简单　　　　　　　　　　　　128

不当混蛋，如何辞掉一份工作　　　130
我应该解雇这个人吗？　　　131
解雇　　　132
不当混蛋，怎么裁人？　　　132
后续事宜　　　133

为什么不当混蛋恰恰让你成了混蛋　　　135

当个控制狂……　　　137
……但是别去微观管理　　　137
敦促他们，直到他们开始恨你的程度　　　138
重压之下工作更出成果　　　138
设计不是搞民主　　　138
如果人不够优秀，让他走　　　138
残酷的诚实虽然苦，但它是良药　　　139
该推倒重来，就不要犹豫　　　141

不当混蛋宣言　　　142

致谢　　　144

序

混蛋是条不归路

保罗让我给这本书写几句。显然我们两个臭味相投,不然他也不会找我写,即便找我我也不会给他写。所以说我们两个已经过了"混蛋"那道坎儿了。

过去的五十多年里——是的,我已经这么一大把年纪了——我和几百人共事过,其中多数人都是我自己招来的。我招人的准则是:我要喜欢这个人。其实一开始我并没有发现自己有这样的原则,或者说即使我这么想了我也不愿意承认。但事实的确是这样的,我会扪心自问:"我愿意和这个人在一个屋子里一天待上8到10个小时吗?团队里其他人愿意吗?"大多数设计师转行学习其他新技术只要花几周时间就可以了,比如字体排版(算了,这个可能需要几年),比如写出简洁明了的代码,比如冲泡意式浓缩咖啡,等等。但是混蛋是条不归路,学了你就永远忘不了。

我招来的人里面最厉害的那些都不是稳稳当当的科班出身,他们的背景奇奇怪怪,有木匠,有厨师,有军人,还有历史学家。对设计师来说,比考试不挂科更重要的是愿意学习,合得来,并且全力以赴。不要看他们的作品集,要相信自己的直觉。我见过太多人拷贝别人的作品,数字时代抄袭易如反掌。

雇员如流水,一茬一茬走。他们会成为你的竞争对手、同行,好多还会成为你的客户。他们会记着你当时是怎么对待他们的。人离开时总让人有些伤感,特别是那些你手把手带进门的。但是他们离开也是正常的,不然他们会以为你做事的方法就是唯一的方法。实际当然不是这样。如果你待他们不薄,他们离开之后还会把你当朋友,和你保持联系。保罗在埃登斯皮克曼(Edenspiekermann)的柏林工作室工作几年之后离开时,我有些失望。但同时我也知道,他想要进步就必须离开。我们一直保持着联系。看!多年之后,我们又一起共事了。

德国有句谚语说的是:你朝森林喊什么,森林也会朝你喊什么。我翻译得很烂,你们知道意思就好。

我要说的就都在这里了。不过,你们面前还有一整本书,那是保罗想说的,而我想到的碰巧和他一样罢了。

德国字体设计师,不来梅艺术学院荣誉教授
埃里克·斯皮克曼(Erik Spiekermann)

自序

我工作的一家设计工作室位于洛杉矶市中心，工作室前门附近的墙上挂了一张加了框的海报。海报是用 1961 年法兰克福制造的克莱克斯（Korrex）印刷机印刷的，这种海报可能是我见过的最受欢迎的墙上装饰了。几乎所有来过我工作室的人——无论是好莱坞明星还是投资银行经理——都会就这张海报点评几句，通常还会在海报前面来张自拍，好让他们的同事、朋友或者粉丝把他们和海报上的信息联系起来。那张海报是排印设计师、企业家埃里克·斯皮克曼设计的，上面简简单单几个字："别给混蛋卖命。别跟混蛋共事。(Don't work for assholes. Don't work with assholes.)"

如果各行各业的人就"不给混蛋卖命"达成了如此空前绝后的一致，那为什么还有那么多人在"给混蛋卖命"呢？在创意行业里，"混蛋"和他们带来的那种有毒的文化氛围就像在修道院里碰到修女一样司空见惯。

这么多年来，我有很多朋友的上司是 CEO、创意总监、业务总监，还有"谁知道是什么的"总监，这些人不仅自己是混蛋，而且还为自己是混蛋而扬扬得意。超级自我的创意总监会在周五下午 5 点 50 分把自己一时兴起的想法反馈给设计师，而他们周一早上就要给客户展示；人力资源部门根本不会回复那些被刷掉的求职者的邮件；CEO 们会建立一种天天加班的病态企业文化，还让雇员觉得自己是在"为梦想而奋斗"。一直以来，坊间都有传闻说创意行业的好多人其实更适合回家去开个监狱，而不是在工作室里对细腻敏感的年轻设计师指指点点。

不过，这种现象正在改善，虽然很慢。在过去，由于没有其他的职业选择可以保证他们按月领到工资同时发挥自己的创意，所以年轻设计师们不得不忍受那些极端自私的人，忍受天天加班以及其他种种令人不快的工作方式。但现在，年轻人有太多可靠的选择了，比如科技企业、初创公司以及不断扩张的公司内部设计团队等。他们可以自由地选择自己的职业路线，根本没必要去忍受糟糕的公司文化。

然而，虽然有向积极方向改变的迹象，习以为常的糟糕工作方法依然死而不僵。不可持续的工作方法在很多创意工作室仍然是家常便饭，员工精疲力竭，离职率居高不下，作品惨不忍睹。在一个"有毒"的环境中工作，员工、客户和产品都无法受益。

本书试图探索一个简单的问题：不当混蛋，你到底能不能做出伟大的作品？

我们这个行业的词典里从来就没有什么可持续的工作方法，也根本不可能抛弃自我。在这样的行业做这样的尝试是不是有些天真？我们能不能成功？我们有没有自己的竞争优势？能不能让客户满意，或者说最重要的一点，不当混蛋，我们到底能不能创作出伟大的作品？

你在读这本书的时候，一定会注意到我会经常对比我在德国和美国的工作经历。北欧国家（德国、瑞典、丹麦等）和西方英语国家（美国、英国、爱尔兰等）的企业文化天差地别。北欧人视工作效率为重中之重，而后者则认为工作高于一切，无论它会对个人生活产生什么样的影响。我在两种文化下都工作过，两种工作方式都有各自的优点。我在这本书里试图比较了两种工作方式中一些很棒的特点（当然也比较了很糟糕的特点）。

此致敬礼！

保罗·伍兹

附言：
你可能在想：写书的这人看起来也有点混蛋。我也不能说你说得完全不对。

做个好人
是笔好买卖

通常来讲，在创意行业，作品总是第一位的。只要你在职业生涯里得过几个奖，那即便你是个混蛋也是完全可接受的。短时间里一切如常、岁月静好，但在不断追求伟大作品的路上，内部文化统统被落在了身后。

要想创建一个伟大的工作室，企业文化至关重要。如果你想做出伟大的作品，企业文化至关重要。如果你想吸引最优秀的员工，企业文化至关重要。如果你想建立起良好的客户关系，企业文化至关重要。甚至，即便你只是想当个赚笔快钱的卑鄙小人，企业文化也至关重要。创意工作室做出好的作品从来都不是什么问题，但谈到营造良好的工作氛围和善待员工，就成了一部充满血泪的苦难史。现在是信息时代，没有什么秘密可言，鸡终究得回鸡窝去睡[1]。

---

[1] 谚语，表示出来混，迟早要还的。——译者注

创意行业的不良风气

只要在伦敦、纽约或者其他任何一个大城市的创意行业待过的人基本都会同意这个观点：糟糕的氛围、膨胀的自我、荒唐的加班时间在这个行业不仅司空见惯，而且大家对此还大肆宣扬。实习生没有任何补贴。加班成了大家胸前的荣誉奖章。行业风气鼓励大家有个性，有自我，而且普遍观点是：这个人越自我膨胀，就越"传奇"，越受人敬重。

作为在这个行业浸淫多年的人，我遇到的很多人完全符合这个行业最糟糕的刻板印象。在这本书里，我会向你介绍其中最多姿多彩的几位。我要向你介绍的第一位尤其令人印象深刻。这位先生——我们就叫他丹尼吧——是个特别的害群之马。

丹尼不是史蒂夫·乔布斯那种创意天才，他是一个管理公司大客户的业务总监。这一类业务总监身上带着创意行业那些人身上最糟糕的特点。我们得承认，业务总监这个位子不好做，因为他们一面要处理蛮不讲理的客户需求，一面还得协调作品产出的实际时间。过去这些年，我有幸和几位优秀的业务总监合作过，他们知道出好作品需要付出些什么，但是丹尼不知道。

> 对伟大的设计事务所来说，企业文化至关重要。如果你想做出伟大的作品，企业文化至关重要。如果你想吸引最优秀的员工，企业文化至关重要。

丹尼来自一个不知名的小地方，叫什么扯淡乡还是王八屯之类的。初到城市，他就被任命为业务经理，负责一个很大而且很难搞的企业客户。他总是像橄榄球队队长一样雄赳赳气昂昂地走进办公室，一身不太合体的黑色西装和领带总让人觉得他要去参加谁的葬礼。他总是很严肃，不怎么放得开。很少几次放松下来的时候，是他酩酊大醉的时候。

工作室里，丹尼是每个设计团队的噩梦。几乎每个截止日期前的周五下午5点钟左右，丹尼总会风雨无阻地来到设计部门，用他浓重的中西部口音说："兄弟们，客户特——别喜欢我们的创意。一级棒——简直天才，从来没见过这么牛的东西。是的，客户就是这么说的。这次我们肯定能拿今年的威比奖[①]（Webby Award）! 不过，我们还需要做几个小小的改动……"

接着丹尼就会噼里啪啦说出一长串改动，几乎把原来的创意全部推翻，然后设计团队就得在周末完成这个作品，因为截止日期是周一早上9点。再然后丹尼会

[①] 威比奖是由国际数字艺术与科学学院主办的年度互联网奖项，奖项类别包括网站、应用、广告等。——译者注

创意行业的陋习

长时间加班

极端自我

对新人不友好

混乱的工作流程

跟我们说他家里有点事,必须马上离开,周一早上回来。说完一句"周一早上见,兄弟们",他便一溜烟出了办公室。

这种情况下,事情合理的发展方向是:设计团队叫丹尼滚一边儿去,然后用丹尼锃亮的皮鞋把他打得血肉模糊。不过,这就是设计工作室的处境,设计师把这种需求当作挑战:"你能在三天时间里做出一件可以得奖的作品吗?人家迪利和强尼只用一个周末就做出了成功中标的作品,人们都说他们的作品会得戛纳金狮奖。你有他们这么优秀吗?"

像丹尼这样的业务经理简直太了解设计师的脾性了,他们知道在什么时候、用什么方式按下那个按钮,搅动设计师内心的自尊和不安。无怪乎我认识的很多设计师都离婚了。在创意行业,根本没有什么个人生活可谈。另外,顺便说一句,丹尼还在那家工作室,活得好好的。(还)没人用他的皮鞋——或者其他东西——把他打得血肉模糊。

不计代价追求卓越

说起糟糕的企业文化氛围,创意总监是罪大恶极的始作俑者之一。从进入职场开始,他们多年来已经习惯了长时间、周末加班、以自我为中心地工作,现在到了总监位置上,他们会竭尽全力"生产"出伟大的作品。这是一个恶性循环。一个人只要在创意行业工作几年,他就会事事追求卓越;到最后,他会变得盲目:无论是什么工作,他都会追求卓越。

盲目地追求卓越会让人不能分辨哪些项目值得牺牲个人时间,哪些项目是对谁都没有好处的垃圾。我曾经在一些值得牺牲个人时间的项目上干得像个疯子,比如在南非,一天工作20个小时设计一个鼓励贫穷社区社会企业家的活动。这个项目值得我这么做。不过,在我刚入职场的时候,我牺牲了很多个人生活的时间在一些对人们毫无价值的项目上,当然对我自己也没有任何价值。实际上,离开我们这个充满设计疯魔的圈子,没什么人会在意我们创作的那些东西。还记得你花了两个周末的时间,每天用15个小时做出来的那个网页横幅吗?访问网页的人里只有0.05%会点击它。那就是个垃圾。没人需要,没人在意。

一个知名广告公司有一句调笑的口号是"工作。工作。还是工作"。这句真言完美地概括了设计公司中的高压文化。在这种文化中，所有人都被寄予厚望，在所有的项目上他们都要不计代价，追求卓越。但是退一步想想，你就会发现这太疯狂了。扪心自问一下：你只不过是在帮助一些公司卖手机、卖气泡水、卖巧克力棒以及其他各种各样没什么大用的东西。为了这些东西真的值得牺牲自己的个人生活、自己的家庭和朋友吗？不幸的是，在过去的这些年里，对创意行业的人们来说，这个问题的回答是斩钉截铁的"值得"。

什么变了？

问题来了，为什么"不当混蛋"突然变得这么重要？毕竟，创意行业已经存在几十年了，即便是有着糟糕的工作氛围，这个行业依然可以每年创造几十亿美元的产值，获得不计其数的奖项。为什么现在要变？原因很简单：伟大作品的核心是优秀的人才，而优秀的人只有做得开心才会继续待在你的工作室。在这个信息时代，最优秀的人才有着比以往任何时候都多的信息和选择。

> 优秀的人只有做得开心才会继续待在你的工作室。

好的文化

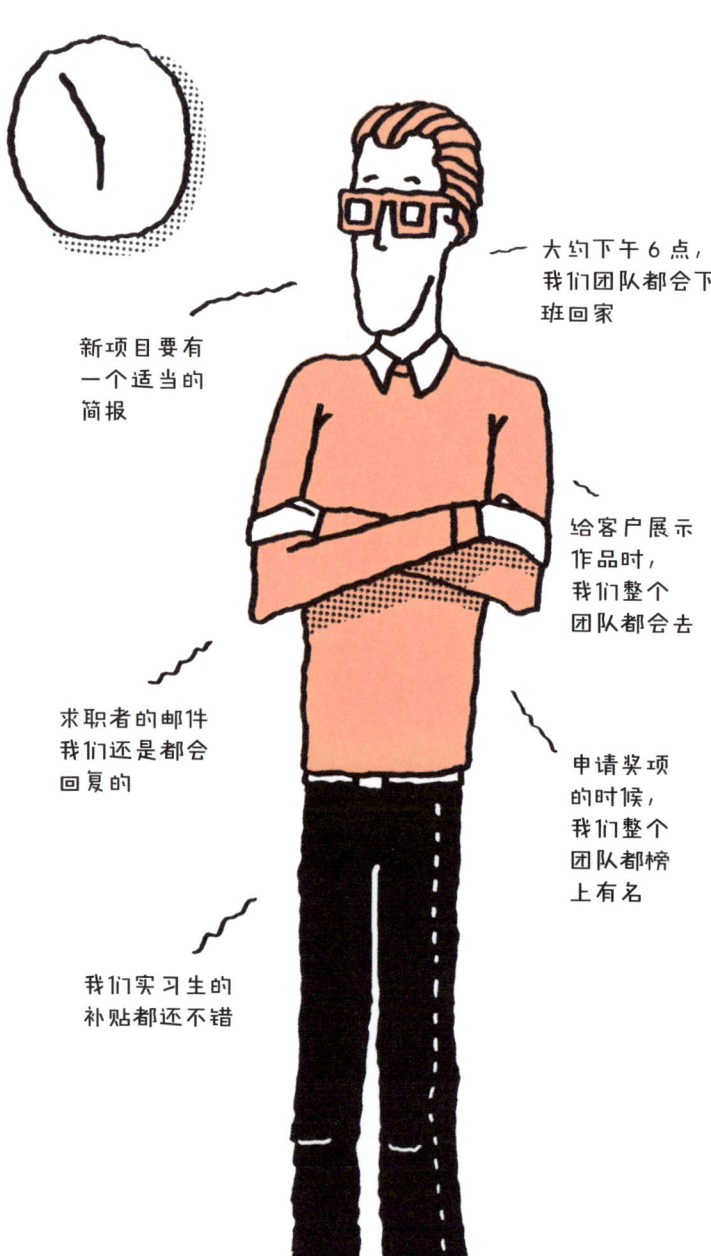

糟糕的文化

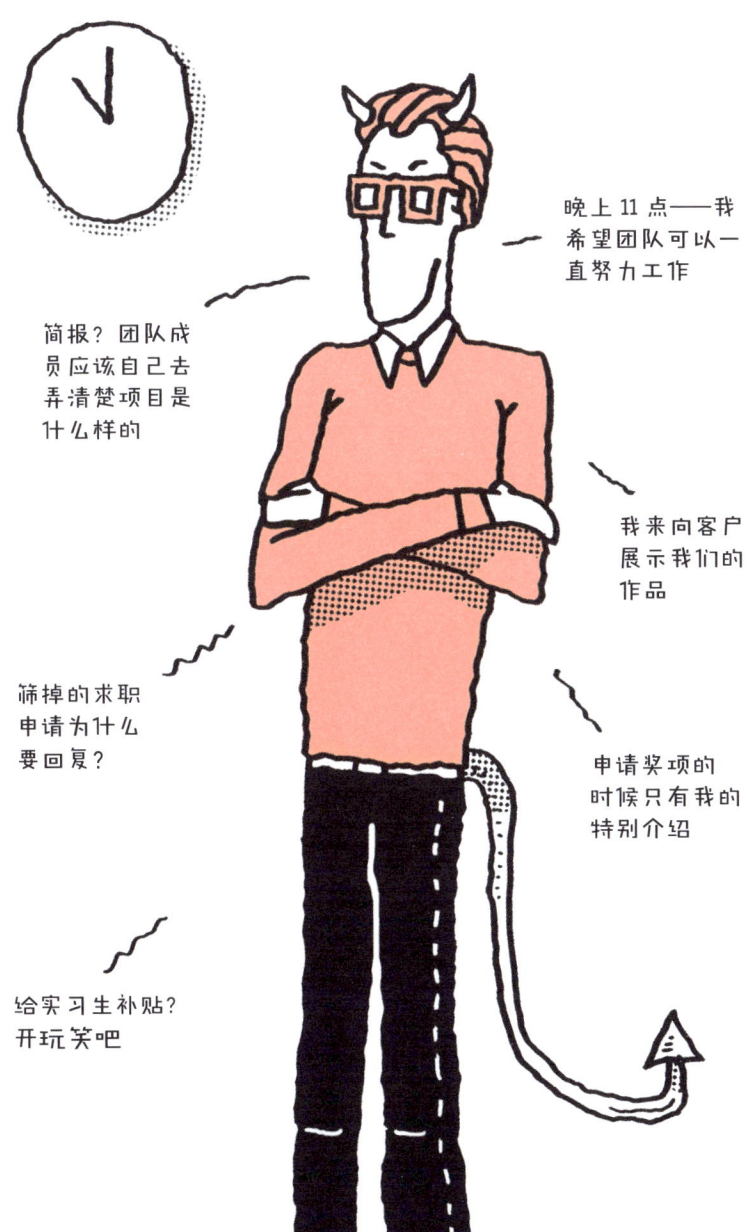

科技公司竞争激烈

近年来,曾经是镇上一枝花的工作室模式(Agency Model)已经渐渐变得普通了,因为越来越多的优秀人才被硅谷财力雄厚的公司提供的待遇优厚的职位所吸引。像谷歌、脸书(Facebook)以及其他类似的科技公司提供的薪水都很高,它们还有弹性的工作时间,以及不计其数的额外津贴,这些都是小型工作室难以望其项背的。

除了薪水和福利之外,那种参与到真正产品或者参与到创业中的兴奋,对年轻人来说有着巨大的吸引力。几年前,旧金山一家大科技公司向我伸出橄榄枝,虽然我从一开始就一直是个"工作室里的人(agency guy)",但我还是心动了。我甚至还去那家公司参加了一轮面试,他们给创意工作者提供的那些条件让我大开眼界。要不是我们一家人刚刚从欧洲搬到了纽约,我会毫不犹豫地离开工作室,投入那家公司的怀抱。

甲方比以往更受欢迎

非科技公司内部的设计团队也一直在发展。我在纽约一家工作室工作时,见证了好多人的离开。他们去了在我们这些传统的人眼里看来"不那么有创意基因"的公司。这毫不意外:做数字化产品[1]的时候,甲方的位置简直让人垂涎三尺。在公司内部,创意工作者可以集中注意力在项目的各个细节上,而不像是工作室里的人,要在一个接一个的项目上手忙脚乱。而且通常来说,大公司里的工作氛围都要更加友好一些。

臭名会远扬,且遗臭万年

虽然创意行业的工作方式名声一直不怎么好,但在过去,年轻人为了自己的职业发展,都乐于忍受这种病态的文化。但是,现在是信息时代,大家很容易就能分辨哪里的文化好哪里的文化烂。像Glassdoor[2]的存在也意味着员工可以匿名说出自己对公司的看法,而且这些看法都可以被那些潜在的求职者和客户看到。只需要快速搜索一下糟糕文化的蛛丝马迹,之前那些藏着掖着的东西,就都暴露在大庭广众之下了。

现在的创意项目都是长期项目

随着越来越多的营销预算流入数字化项目,这个行业需要从以前传统的"快进快出"模式慢慢向长期运作的模式转变。数字化产品的制作需要一个缓慢的过

---

[1] 一般指的是网站、移动应用、电商管理系统之类的产品。——译者注
[2] Glassdoor.com 是一个雇员可以匿名点评公司文化、薪水,搜索并申请职位的网站。——译者注

程,通常是几个月甚至几年的时间,不像电视广告或者设计推广方案那样用几周的时间就可以搞定。对于这些项目,创意工作者需要一种与之前传统工作室采用的"激情狂飙式"工作方法截然不同的心态。

做个好人是笔好买卖

我们来开诚布公地谈谈。想做出伟大的作品你就得拼了老命工作,没有什么其他的捷径。这意味着你不能每天下午 5 点就下班;意味着你不能整天刷 Facebook,不能慢慢悠悠花两个小时的时间去吃午饭。这意味着你偶尔必须得加班到深夜,打磨你的作品;意味着在一个长期项目的截止日期前你可能周末还得加一天班。但是长时间加班、效率低下,以及糟糕的企业文化应该是例外,而不是日常。出好作品不是你不尊重员工个人生活的借口,不是你自我膨胀到像地球一样大的借口。你不是艺术家,只是个打工仔。虽然这份工作很有趣,也很有意义,但是它并不值得你为之牺牲自己的个人生活。

我的职业生涯里,曾有幸在一些超棒的公司工作过,它们有非常棒的内部文化,也一直在产出伟大的作品。相信我,这种平衡很难达到,需要多方面共同努力。但是良好的企业文化已经不是一件"没有可以,有了更棒"的东西。简言之,如果你是个混蛋,你最优秀的人才就会离开。最优秀的人离开之后,要想出好作品就很难了。人才流失之后,接下来就是客户流失。

> 想做出伟大的作品你就得拼了老命工作,没有什么其他的捷径。

我是个混蛋吗？

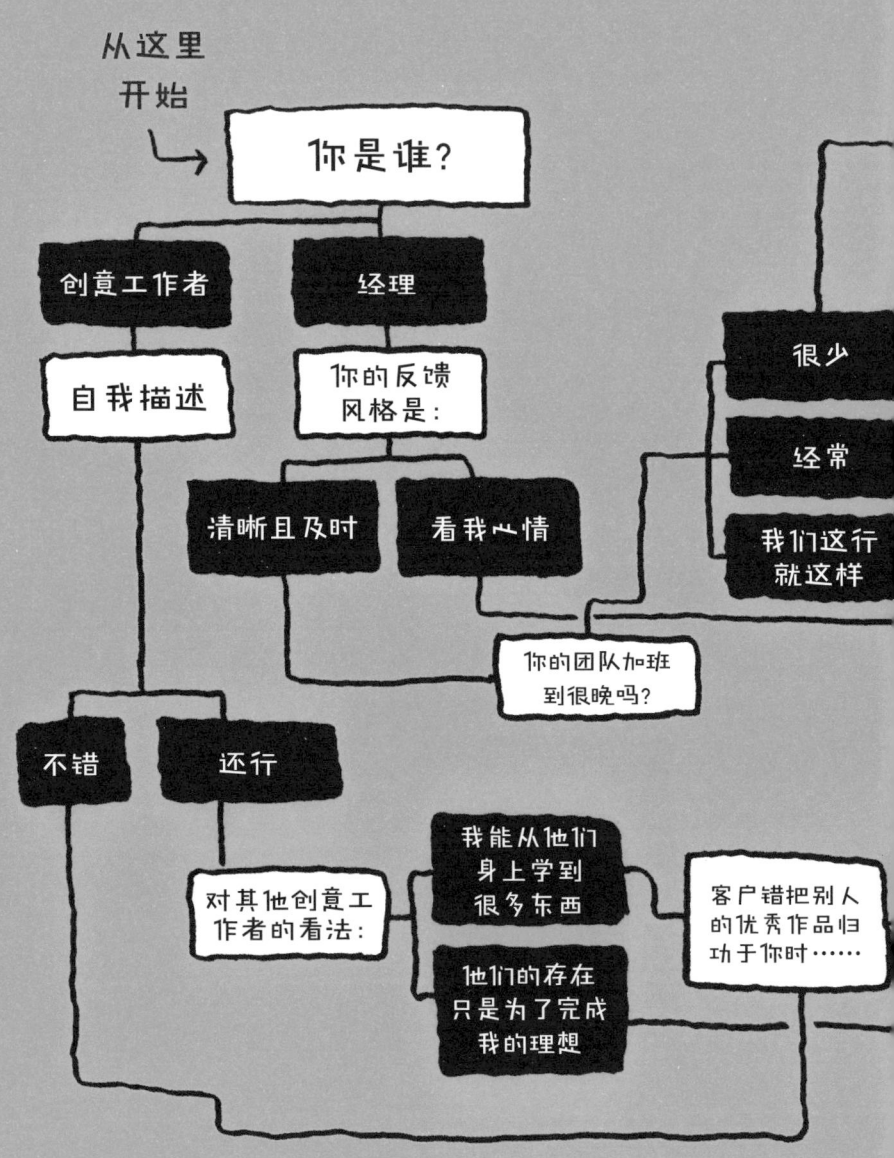

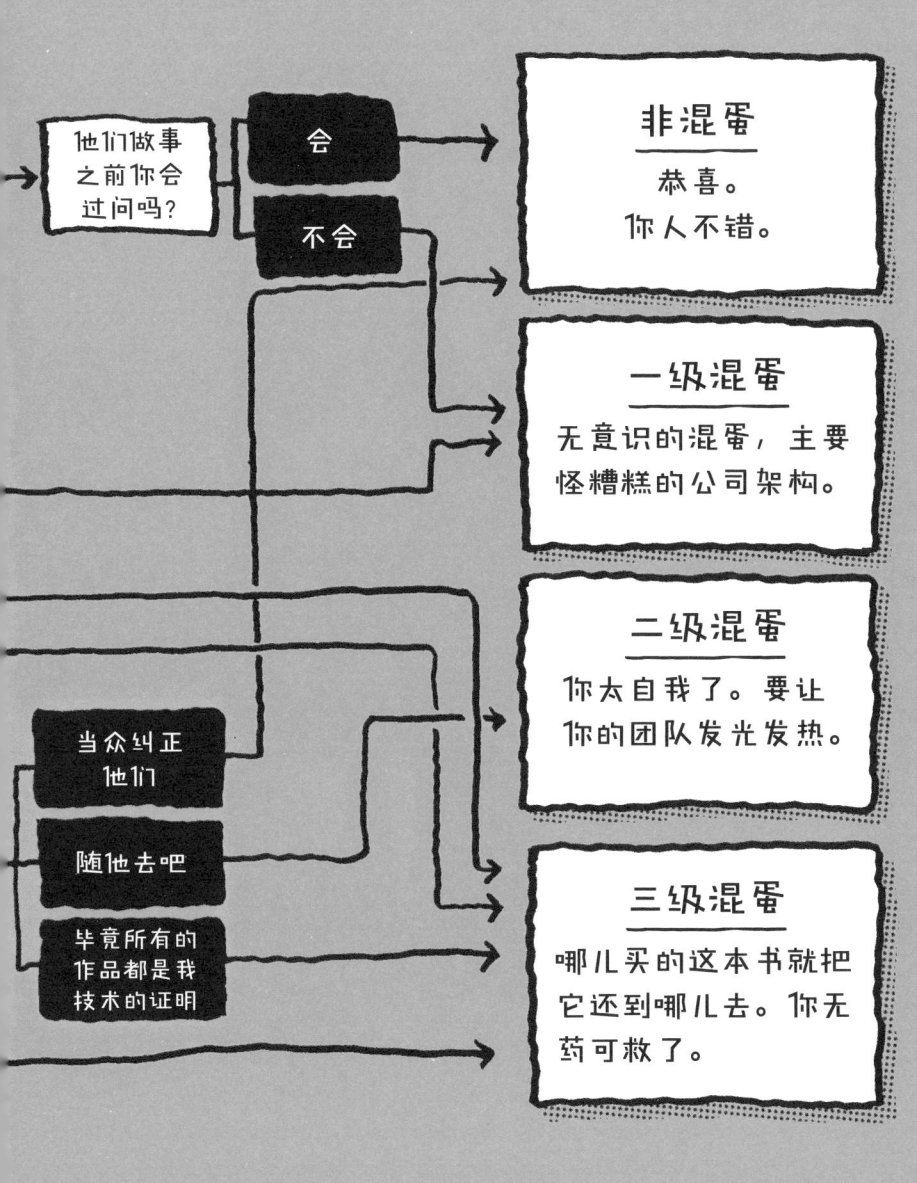

新人

中层

资深

经理

自 我

创意行业中的人基本上可以分为两类：极度缺乏安全感的人和极端自我膨胀的人。很少有例外。这两类人里，前者永远在自我怀疑，需要持续的认可。其实他们是工作室里面最优秀的人，因为他们一直在逼着自己进步。不幸的是，因为他们需要认可，所以他们很容易被控制，被后者，也就是那些极端自我膨胀的人占便宜。后者就是我们这一章的主角。

也许这两类人之间有某种潜意识中的深层连接。虽然我没有学过什么心理学，但是我敢说：创意行业里没有自我的位置。消除以自我为中心的行为，或者赶走这类人，大家的工作环境会变得更好，团队会变得更加高效自主，最重要的是，工作室作品的质量也会越来越好。

理解极端自我分子

为了理解为什么在创意行业没有自我的位置，我们来好好剖析一下极端自我分子。这些人在设计部门很常见（当然也有例外），而且头衔越高越常见。这些人有一个根深蒂固的观念，他们相信自己就是工作室所有伟大创意的源泉，工作室里有他在简直是修来的福分。在他们眼里，自己就是当代救世主，他们的意见永远是正确的。所有项目的创意都必须来自他们，其他人的创意绝少考虑，除非功劳算在他们头上。他们对其他人的时间毫无尊重可言。简而言之，这些人认为别人存在的唯一理由就是为他们建立名声。

如果要给工作室的极端自我分子排名的话，创意总监一定会名列前茅。客观来讲，这其实也不完全是他们的错。在一些大的设计公司里，创意总监被下面的业务团队当成偶像一样崇拜，对客户来说，他们就像耶稣一样神秘。无论是谁受到这样的礼遇都会慢慢受到影响。然而，虽然向客户摆出一副神秘的耶稣模样无可厚非，但是在自己的团队面前还是这样就完全是另一回事了。

> 然而，虽然向客户摆出一副神秘的耶稣模样无可厚非，但是在自己的团队面前还是这样就完全是另一回事了。

最让我记忆深刻的神秘耶稣是一位老派的创意总监，我们就称呼他威利·旺达维卡吧。威利最喜欢用来消磨时光的事情是：代表团队接手截止期限前完全不可能完成的项目。他会雀跃地跑到办公室，跟我们团队讲那个"令人激动的新项目"，然后大家会一片哀号，因为我们知道接下来几天肯定没什么时间睡觉了。接着威利就会消失5天，不在办公室，不在会议室，在公司任何地方都找不到他。随着截止日期慢慢临近，团队成员征求他意见的邮件一封接一封，短信一条接一条，越来越多，语气越来越绝望，但是他从来不回复。然后，等到截止日期那天，威利会像神秘的耶稣复活一样，再次出现在公司。他会跟我们团队说——语气里充满了玩乐之后的疲倦——他让另一个团队去做那个项目，而且今天他要给客户展示的是另一个团队的东西。

跟这本书里的很多人一样，威利现在还健在，没有被辞退，或者说，也没有被他团队的初级设计师谋杀。事实上，据我所知，我上次见他的时候他已经多次升职。

极端自我分子分类

四处转悠的
艺术总监

总觉得"我的作品
太牛了,截止日期
算什么"的设计师

窃取功劳的
创意总监

嗓门巨大的
业务员

总说"我也是个
设计师"的客户

"我这么重要的人怎么能
轻易露面"的CEO

极端自我分子的想法

极端自我分子会影响业绩

敬爱的创意总监们,以及其他所有人:请把你们的自我放在家里,或者放在报告厅的舞台上。极端自我分子根本没有理由在创意行业里存在。他们会阻碍团队成长,影响作品质量,浪费公司的钱。

影响个人和团队成长

极端自我分子最糟糕的一点是,他们不信任他人。他们必须精心管理工作室做的每一件作品,从不放权给别人。他们内心深处觉得,只有他们自己可以把任务搞定。我之前有几个上司,是薪水很高的资深创意总监,美工做的横幅每次改变尺寸,他们都要亲自检查一遍。虽然我认同作品的细节很重要,但这也太变态了。这种程度的微观管理意味着团队里没有人可以自己做决定,没有人可以成长起来。

浪费公司钱财

极端自我分子是设计流程中的瓶颈,他们不及时反馈意见,无视时间计划,会把项目预算和时间计划搞得一团糟。在他们眼中,满足自己的"艺术审美"比一个项目在预算范围内成功完成更加重要。

> 极端自我分子会把项目预算和时间计划搞得一团糟。

让优秀的人敬而远之

极端自我分子绝少会和别人分享荣誉。他们会自己拿走最好的任务,然后把无聊的任务留给其他人。他们也很少指导年轻人,因为他们醉心于完成自己的艺术追求。在这种环境中,有才华的年轻人一旦找到自己可以一展身手的地方,立刻就会逃之夭夭。

创造一个不自我的文化

想创造一个不自我的工作环境吗?说得轻巧。创意行业里的人可都是些暴躁的刺儿头、自我怀疑论者、失眠症患者,以及其他各种奇奇怪怪个性的人,他们可不会跟你讲什么逻辑和理性。不过,你要记住的一点是,创意行业的公司只是个商业产物。你又不是艺术家,你只是个打工的,你应该可以也必须表现得像个成年人。作为创意行业公司中的领导,如果想减少工作中以自我为中心的现象,这里是你可以尝试的两件最重要的事。

让你的人自己做自己的事

可别再微观管理了。相信你的人,让他们自己做自己的事吧。如果你找不到信任他们的理由,那尽早把他开了。苹果公司前 CEO 乔布斯有一句名言:"把聪明人招过来,然后告诉他们去做些什么,这也太扯了;我们把聪明人招过来是让他们告诉我们应该做些什么的。"

极端自我分子永远都不会信任他的团队,所有的事情他都要自己拍板。在 2007 年的一次访谈中,特朗普曾经说过他永远都不会雇比自己聪明的人。如果这都说服不了你让你的人做自己的事,那我也没辙了。

该表扬的时候别小气

不是你做的事,千万别抢功。创意总监们在这件事上可真是屡教不改,尤其是向别人展示成果的时候。再强调一次,该表扬别人的时候千万别小气。谦虚一些,当有人错把功劳归到你头上的时候,纠正他们的说法。如果你是个资深的领导,你应该永远把客户对你的赞扬转头归功于你的团队。

> 你的工作是让你的团队成长起来,而不是让你的自我膨胀起来。

作为资深领导,你并不需要这些陈词滥调的赞扬——你的工作是让你的团队成长起来,而不是让你的自我膨胀起来。我还是个初级设计师的时候,我当时的创意总监永远不会放过一个机会来强调我们团队的付出。给客户展示作品的时候,他的幻灯片里永远会留出一张,在上面列出所有在这个项目上出过力的团队成员,从实习生一直到资深领导。作为一个很少受到客户认可的初级设计师,这对我来说简直太受用了。

什么时候需要自我

当然,也别误解我:光芒万丈的个人形象也有着重要的作用。在工作室内部,这些形象是别人的榜样,在外面,他们是一个工作室的品牌形象和设计风格的缩影。设计和广告行业里那些响当当的名字——比如施德明(Stefan Sagmeister)[1]、埃里克·斯皮克曼(Erik Spiekermann)[2],以及鲍伯·格林伯格(Bob Greenberg)[3]——都是围绕着他们光芒万丈的公众形象,当然还有他们伟大的作

---

[1] 奥地利平面设计师和字体编排设计师。——译者注
[2] 德国字体设计师,不来梅艺术学院荣誉教授。——译者注
[3] 国际广告代理公司 R/GA 创始人。——译者注

品，慢慢发展起来的。设计工作室有一个才华出众的人，那就有了可以定义它们品牌的公众形象和声音。这个公众形象和声音可能会有些聒噪，会有争议，甚至可能会冒犯他人，但也就仅此而已——他们只是公众形象。公众面前的形象和日常工作中的自我是截然不同的。

  我在柏林和埃里克·斯皮克曼共事过几年。他才华出众，光芒万丈，嗓门永远是房间里最大的那个，也是在采访时或者会议上最能说的。他永远不惧怕说出充满争议的观点。但是，当回到工作室和团队一起工作的时候，他是我共事过的最让人尊敬、最能鼓舞人心的创意总监。最值得提的一点是，他对初级员工特别关注，他可以喊出每个人的名字，而且会不断鼓励他们。该表扬的时候他一点都不吝啬，别人错把功劳归在他头上的时候，他都会公开地纠正别人的错误。如果像这样的设计行业大佬在过去40多年都这么做了下来，那你能不能把你的自我往后放一放呢？

> 公众面前的形象和日常工作中的自我是截然不同的。

会 议

说到会议这个主题,我要跟你说个小秘密:只有混蛋才喜欢无用的会议。所有正常的人类都痛恨无意义的会议。就我以往的经验来说,绝大多数与创意或者项目相关的会议都是不必开的。

开不必要的会就是浪费时间,很多问题通常都可以通过即时通信软件或者两个人碰面聊一聊解决。这些会议只会让客户的预算越来越高,而这些钱原本可以用来创作产品的。毫无准备的会议更加糟糕。如果一个会议没有清晰的目标和具体的下一步计划,它只会让人充满疑惑,让参会的设计人员好几天都找不到头绪。简而言之,会议尽量减少,而且越短越好。这样,会议目标才能越清晰,整个项目工作室或者团队才能更加高效地运行。在开会的这个问题上向德国人看齐,你就不会错得太离谱。

混蛋和会议

极端自我分子喜欢各种各样的会议。越无意义的会议越好！因为在会议上有一群现成的观众，他就可以站在房间高处，显得重要一些。他们可以在白板上画一些傻了吧唧的线条，然后拿手指着。他还可以假装聆听别人的意见，然后再用自己惊天动地的顿悟声打断别人。对极端自我分子来说，无意义的会议就像是6岁小孩眼中的圣诞节早晨。

在我多年的工作经历中，我遇到过许多喜欢无意义会议的人。其中一位我记忆尤为深刻，我们就叫他希瑞尔吧。希瑞尔快30岁了，是个项目经理，嗓音十分难听。我第一次见他的时候，他正在做一个不太重要的B级项目，很不幸，我碰巧也在这个项目组里。希瑞尔是个超级自我的人。只要出现在房间里，他就像是超级飓风，不把方圆10英里（1英里=1.609344公里）之内的人搞得鸡犬不宁，他就浑身不舒服。情景喜剧《办公室》(The Office)描写的就是他这样的人。还有最重要的一点，希瑞尔特别喜欢自己的嗓音。

希瑞尔醉心于和整个项目组召开冗长的会议，会议通常都要超过两个小时，没什么目标，只有一个语焉不详的会议标题，叫"更新信息"或者"项目进度"。有一次，我们在做一个时间特别紧的项目，希瑞尔把这样的会议改成了一天两次："早上更新"和"午后更新"。两次会议全体项目组的人都必须参加，会议上，大家分别给希瑞尔汇报自己从两小时前上次会议结束到现在完成了什么工作。而且，每次会议无一例外都会成为希瑞尔的演讲时间，他会发表自己对所有事情的看法，比如字体的颜色他不喜欢，比如他对最新一集《与卡戴珊一家同行》[1]的看法，等等。

而且，希瑞尔每次会议都要邀请尽可能多的人。毕竟，要是没有听众，开会还有什么乐趣呢？除了整个项目组的人，他还会邀请其他无关项目上的人，五花八门的员工，还有管理层。我的天，甚至有时候还要带上孩子。无论来了多少人，花了多少时间，所有人走出会议室的时候都会在心里嘀咕："刚才发生了什么？"

一天下午，希瑞尔又召开了一次超过两个小时的会议。他太过醉心于会议，以至于他都没注意到项目组的人一个接一个地离开了会议室。最后会议室只剩下他的实习生，在全神贯注地听着他的讲话。从那以后，我和很多像希瑞尔一样的

---

[1] 一档美国真人秀节目，主要展示卡戴珊家族真实的日常生活和情感经历。——译者注

人共事过，但是他永远是最经典的，在我心里永远有一个柔软的地方安放着他搞笑的自我。

喜欢会议的也不只是混蛋和极端自我分子，这里也有一些文化差异的影响。比如，美国人就比北欧人喜欢开会，他们喜欢大家一起讨论事情，喜欢一起头脑风暴，碰撞出新的创意。但德国人就不太喜欢这种形式；相反，他们最看重的是效率。

在创意行业，过多低效会议的症结在于，这个行业的从业人员很难集中注意力。我们喜欢讨论，即兴发挥，头脑风暴，然后接着讨论。我们不断寻求别人的认可。让一群创意人员坐在一起，再加上一个杂乱无序的会议框架，我敢保证，根本不会有任何成果。无意义的会议上没有任何产出，然后大家就不得不加班，好完成自己本应完成的工作。

我和一个德国的合作伙伴共事了许多年，经营一个设计工作室。他是个效率大师，这很大部分要归功于他一直坚持高效的工作流程，保证大家每天都可以按时下班回家。他最不能忍受的就是无意义的会议。如果有人临时召开毫无准备的会议，浪费了大家的时间，他会一次次不厌其烦地教训他们。相信我，你绝对不想惹恼一个德国人。

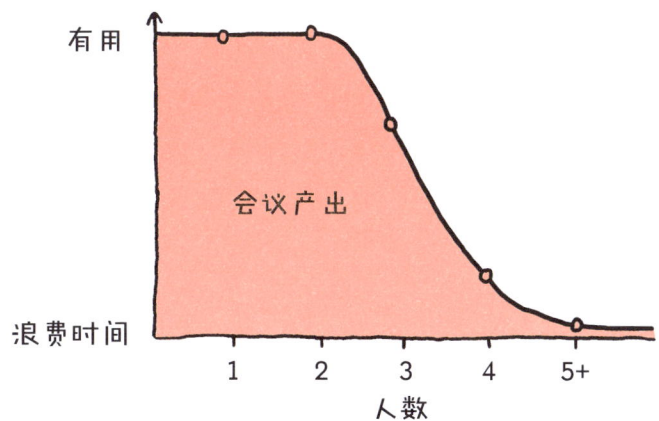

我真的需要开会吗?

打开"日历"软件之前,先问问自己:"这事儿真的值得开会吗?"写个邮件或者发个信息能不能解决?或者去创意总监的办公室当面讨论一下客户的反馈会不会更好?

谈到创意工作,只有两种情况需要召开会议(或者说最好召开会议)。第一种是项目通报。所有的项目,无论大小,都应该召开一个准备充分的项目通报会,然后再启动。所有项目成员都必须参加,有问题可以在会议上直接解决。我们经常见到设计项目没有什么通报会,或者只有一个很短的邮件,"给客户弄一个跟我们上个月做的一样的宣传页"。要想满足客户和用户的需求,一个清晰的、面对面的项目通报会是最佳选择,没有什么可以替代。

面对面的会议大有裨益的第二种情形是展示作品的时候。无论你和客户的关系多长久、多成功,要展示你创意作品的时候,面对面的会议是目前最佳的沟通方式。会议上我们可以分享自己背后的思考,并解答客户的疑问和顾虑。根据我的经验,一个作品,如果是当面向客户展示的话,它成功的概率可以翻倍。

如何高效地开会?

这是我从我超级高效的合作伙伴那里学习到的,如何"像德国人一样开会"的秘诀。我们用一个现实生活中的例子给这个秘诀一个背景:比如说你们团队正在为某知名成人用品制造公司的某品牌产品制作一个商标,你突然收到一些让人不安的反馈。你需要召开一个紧急会议,和你的设计团队讨论一下如何继续完成项目。下面的三个步骤可以保证你的会议高效,并富有成果。

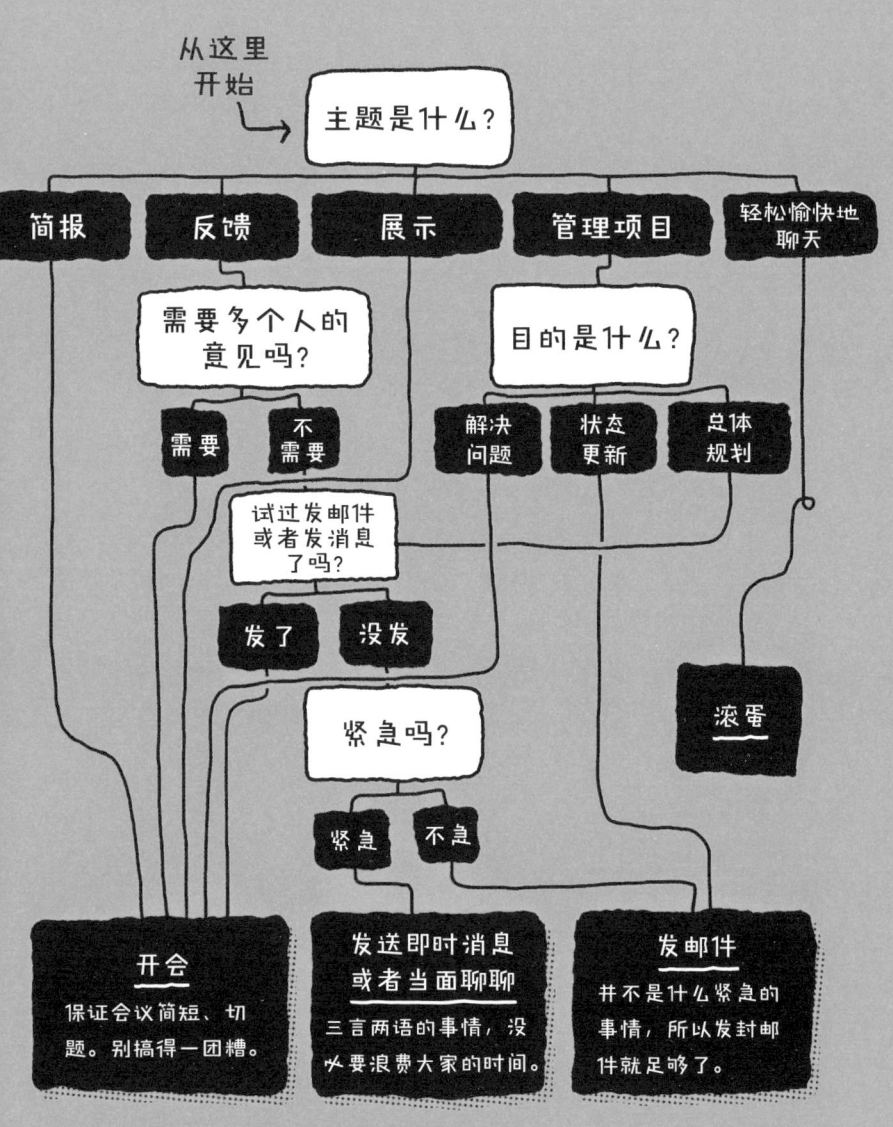

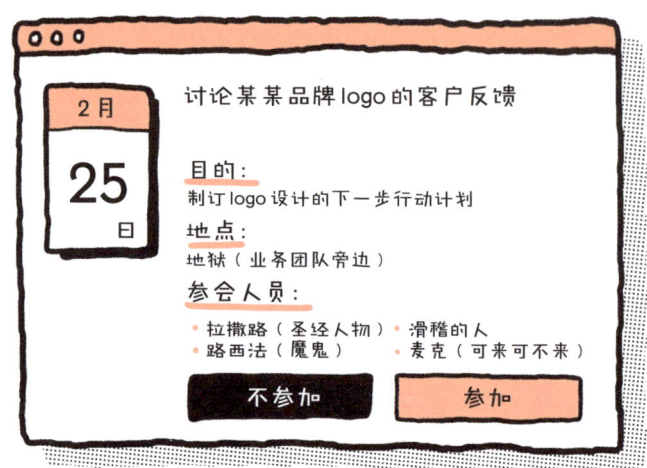

1. 创建会议

至少在计划会议时间前一天发出一封合适的会议邀请邮件。要给与会者准备的时间。不过在这个例子里面，时间紧迫，我们就把会议定在当天下午。一封合适的会议邀请邮件主要包括几个关键的部分：

→ **标题**：选一个描述语句作为标题，别写个蠢蠢的"更新"什么的。例如：讨论某某品牌设计的客户反馈。

→ **目的**：简短地描述会议目的。例如：基于某某品牌商标设计的客户反馈，制订下一步的行动计划。

→ **时间**：越短越好。日常的项目更新会议30分钟足够了。

→ **地点**：这个虽然看上去很重要，但是总有人会忘记。

→ **参会人员**：名单越短越好，这样不会浪费大家的时间。没必要参加会议的人不要邀请。如果你不太确定，请直接去问他们或者让他们自由选择来或者不来。

→ **设定期望**：参加会议的人需要提前准备些什么吗？他们需要看一下客户反馈的文档吗？如果需要的话，请务必在邮件中说明。

不要拿到会议上来谈的话题

自我

没有提前告知的看法

办公室那条狗

与会议主题无关的事情

无关人员

让人分心的东西

2. 会议中

无须多言,会议组织者就是会议的负责人。他们要负责主持会议(无论他们是高级项目经理、初级设计师,还是教皇本人)。一个好的会议一般是这样的流程:

→ **简要描述会议的目的**

请用"这次会议的目的是……"作为每次会议的开场白。例如,我们的例子中,这次会议的目的是"基于近期客户对某某品牌 Logo 设计的反馈,我们要制订下一步的行动计划"。

→ **设定期望**

说明这次会议想要的是什么。是让大家提问,弄清客户的反馈,还是将工作任务分发下去?期望要清晰具体。

→ **清晰,简明扼要**

围绕会议的主题进行讨论,表达要清晰简洁。不要盲目地东拉西扯,长篇大论。

→ **鼓励提问**

有哪里需要弄清楚的吗?创意工作者在会议上一般都不会问问题,所以会议组织者必须点名确认大家都了解了。

→ **制订下一步计划并指定负责人**

清晰制订具体的下一步行动计划,并为每一项任务指定负责人。每一个参会人离开的时候都应该知道自己需要完成哪些任务。

3. 会议后

会议组织者发出一封简短的会议概要,里面应该包括会议产出、下一步行动,以及明确的角色和责任。这样大家才会知道自己应该做些什么。这通常是会议最重要的一部分,在未来的一段时间里,大家都会参考这封邮件行动。

上面提到的你都做到了?恭喜你!你已经掌握了高效开会的艺术。即便是开会行家的德国人也会对你竖起大拇指的。

会议礼节

1. 清晰描述会议的目的。

2. 会议越短越好，能多短，就多短。

3. 如果需要参会者准备什么或者带什么，提前告知。

4. 解释事情的时候，提供清晰的视觉材料。

5. 别表现得像个全知全能者，对人指指点点。

6. 不要一个人长篇大论，尤其当你觉得自己很聪明的时候（你没那么聪明）。

7. 别把办公室的狗带到会议室，它不会让你脑洞大开。

8. 别抠鼻屎。

9. 确保每个人都知道下一步该做什么。

10. 会议后发出会议概要。

剪下来贴在会议室里

项目

项目推介

要获得一个设计项目，你要做出很多努力，其中最受争议的操作就是臭名昭著的免费推介（free pitching），也就是行业里面说的"展示样品"（spec work）。如果你在设计工作室工作过，或者你做过自由职业的设计师，那你在找项目的过程中，一定会碰到这样的情形，潜在的客户发来"测试"作品的要求，想衡量设计公司的能力。当然，这个操作最受争议的地方就是：客户一毛钱都不付。

  免费推介一直是创意行业的惯例。事实上，有调查显示，70%的客户都把免费推介当作找设计工作室或者创意团队流程中的一部分。对负担得起的大型工作室来说，参加免费推介是获得新客户的一种手段。这些工作室的人负担得起这部分成本，所以他们会这么做。

创意行业的免费推介

我在纽约工作的时候,几乎每一天,工作室里都会有一个团队在做某个项目的展示。通常来讲,大型工作室里推介流程的起点是,业务拓展团队的邮箱里会收到一封招标邮件(Requesting for Proposal,RFP)。一旦工作室决定跟进,就会选定一个战略团队和创意团队。然后这些团队成员就会着急忙慌(时间一般都很紧)地赶出一个设计方案,来展示自己工作室的设计能力。

截止日期一般都很变态。有时候是几天,有时候只有几小时,你需要在这么短的时间里做出一份五脏俱全的创意方案(有些情况甚至还要做好几个备选方案)。大家都在作战室里热火朝天地忙起来,创意团队在那里一起凭空想象一个又一个的点子,不考虑实际制作的问题,也不考虑预算。我记得有一次,创意团队是在一个星期四的下午6点收到需求,然后给客户展示的时间定的是第二天的下午1点。不可思议的是,我们最后赶出来的作品还不错,帮助我们拿到了那个项目。听起来很疯狂,对不对?的确很疯狂。有时候,推介对一个创意团队来说也有可能是一件很好玩的事。

免费推介有没有用?

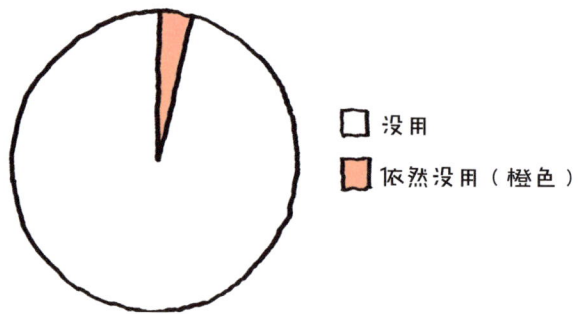

招标要求

- ☐ 我们想要。
- ☐ 免费的、超酷的东西。
- ☐ 不要钱的。
- ☐ 没错。
- ☐ 没钱。一分没有。半毛都没。一个子儿都不给。
- ☐ 尽快!越快越好!

反对免费推介的观点

尽管免费推介在创意行业无处不在,尽管对能负担得起这个成本的创意团队来说,这个事情还蛮有趣,但许多人对这个操作都提出了质疑。近几年有好几次颇具规模的反对这个操作的运动,许多人都视之为一种剥削。在设计行业,包括AIGA[①]和NO!SPEC[②]在内的一些组织已经开始公开反对免费推介了。他们的观点很明确:地球上没有其他任何一个行业会让服务提供商免费工作几天甚至几周,仅仅是为了帮助客户更好地决策。你周五晚上选好了5家备选的餐厅,但你不会要求他们提供免费的"样品"餐。那为什么在选设计工作室或者创意工作室的时候会有这个要求呢?

作为设计师或者工作室,你不应该走高端路线,对免费推介说不吗?还是说这只是个乌托邦式的幻想?或者说你应该简简单单地给他们免费做出展示作品,把它当成"生意的本钱",就像带着潜在的客户出去吃顿饭一样?

为什么免费推介没什么用?

亲爱的读者,我明明白白地告诉你:免费推介对创意行业有害无益。它是一种随着时间成为行业惯例的陋习。退一步看,把自己专业的服务免费送给别人,作为"试运行",这种观点简直荒谬不堪。不仅如此,对客户来说,免费展示也不是一种有效的评估流程。简而言之,免费推介对大家都没好处。下面来讲讲几点原因。

免费推介让你和你的作品贬值

在这样短的时间里,就着寥寥无几的项目信息,凭着几乎为零的用户调查,在和客户基本没有合作的情况下,你拿出了自己的创意作品。这会给人一种歪曲的印象:做个好作品好像也不费什么事儿嘛。这个印象会让你和你的作品大大贬值。

[①] 美国平面艺术协会(American Institute of Graphic Arts)是美国平面或图形设计领域具有广泛代表性的非营利组织,始创于1914年,总部位于纽约市。——译者注
[②] 一个反对设计行业免费展示样品的组织。——译者注

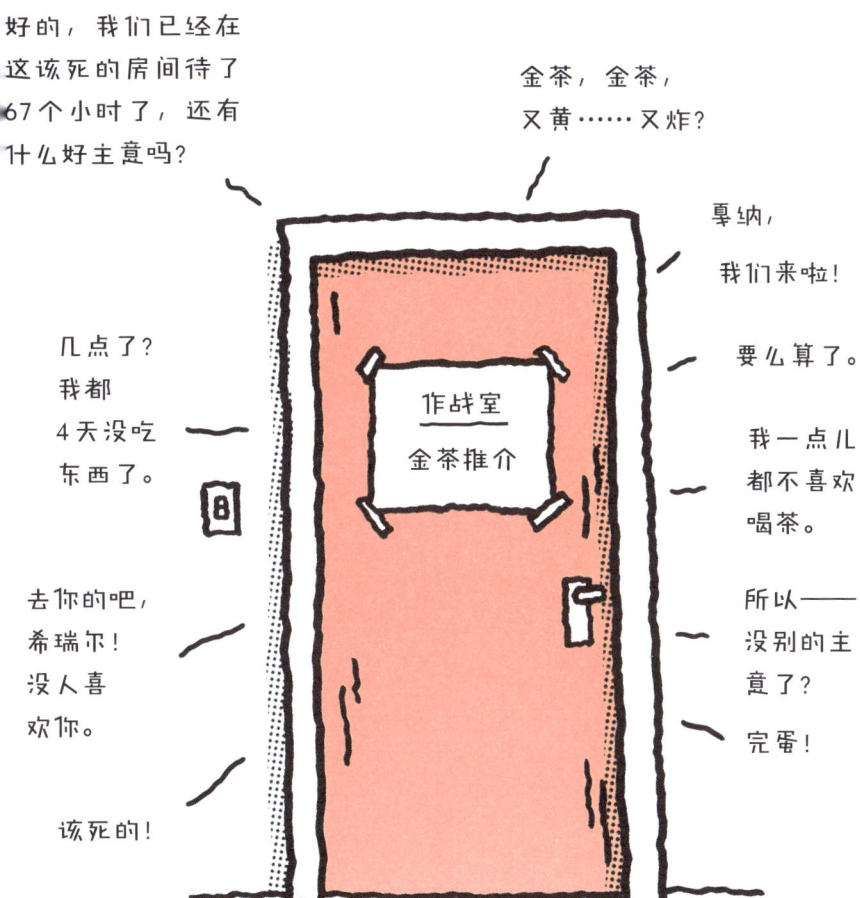

你很有可能会被人占便宜

客户可以简简单单地侵占你展示的创意，让另一家工作室或者甚至是他们公司自己的设计团队花更少的钱实现。这种情况我见过太多次了。

免费推介要花费人力和财力

虽说做生意肯定要有投入，但免费推介的问题在于你的人力和金钱投资的是一个可能被人弃如敝屣的东西。免费展示会耗费你的时间和精力，这些本可以用来服务真正的客户。它也会让创意团队养成只管"做出酷炫的东西"而不去辩证思考如何解决问题的坏习惯。

无论是我的观点还是行业的共识，最重要的也许是这种免费的推介也会损害客户的利益。虽然对创意工作者来说，做免费推介的时候弄出个突破性的解决方案还蛮有趣的，但是要根据这样的作品来衡量工作室的技术能力是很不靠谱的。这种衡量方法对客户来说也毫无用处。如果客户问你为什么免费推介会损害他们的利益，你可以跟他们讲讲下面这三个原因：

1. 免费推介无法显示出工作室解决问题的能力

推介中做出来的作品通常都很难执行，因为它永远不会考虑作品面对的现实问题。所有设计专业的学生都能做出来"概念性"的作品，而真正考验技术实力的，是如何在现实的要求和限制下漂亮地实施这个方案。如果你是客户，只想让你的合作伙伴做出漂亮的推介作品，那你去找设计专业擅长 Photoshop 的一年级学生会更好一些。

2. 免费推介的作品很肤浅

推介的作品几乎不经过任何真正的用户调查和用户发掘，而这两项恰恰是做出有意义的作品的关键之处。直白地说，推介作品就是些肤浅的垃圾，而且通常情况下，这些作品在推介结束之后就会被扔到一边。

3. 你无法通过免费推介了解你们将来的合作方式

最重要的一点，免费推介并不会涉及客户和设计团队之间的合作。多数情况下，免费推介的结果只是在决策委员会面前做个展示。你完全无法从这个过程中了解你们将来的合作方式。

"不做推介"面临的一些挑战

虽然理论上讲，反对免费推介的想法听起来不错，但在实际操作中很多客户还是想要免费的推介。如果你自己或者你们工作室名声在外，有着稳定的客户和业务渠道，你们可以很轻松地说"去你们的，我们不做免费的推介"。但如果你们是一家小型工作室，一个初创公司，一个自由职业者，或者说你们就是想拿到这一单生意，要坚持这一点确实不太容易。创意工作者和工作室都面临着这样的窘境："我们是做免费推介、和传统同流合污，还是我们对免费推介说不、丢掉生意呢？"这个问题很棘手。

我举个例子。埃登斯皮克曼柏林办公室有一条严格的规定："不做推介。"这条规定已经被写到了他们言辞激昂的宣言里面，而且至少从理论上来讲，每一个字都很有道理。在柏林办公室工作的时候，我固执地认为，根本没有什么情况是需要免费推介的。当然，埃登斯皮克曼柏林办公室在欧洲名气很大。几年之后，当我回到埃登斯皮克曼，帮他们建立起洛杉矶办公室的时候，我们做事情的方法就不得不变通一些。美国不比欧洲，在这个市场上埃登斯皮克曼鲜有人听过。特别是在一开始的时候，我们想要拿到新的业务是个不小的挑战。

我的业务伙伴和我不得不认真思考，在这个我们竭尽全力获得业务的新市场上，我们还要不要继续坚持我们乌托邦式的"不做推介"的规定。工作室运作的第一年，我们尝试了各种各样的方法去获得新业务（也做了好多场免费的推介），最后我们找到了一种比创意推介更有趣的方法：创意报告工作坊。

> "我们是做免费推介、和传统同流合污，还是我们对免费推介说不、丢掉生意呢？"

创意报告工作坊

无论你是自由设计师还是在运作一个工作室，总会有那么一个时间点：你收到一个项目的招标，你想去参加，但是它要求先免费提交一些展示样品。可能你们有严格的规定"不做推介"，但是潜在的客户可不会因为你说你"理解"他们的品牌就改变主意（即便你有多年类似项目的经验），你也知道，其他竞争对手的工作室会提交他们的展示样品。这时，你会怎么做？

做一场创意报告工作坊吧。不要跟随竞争者的脚步，相反，跟招标方的决策者通个电话，向他们解释一下为什么免费推介不能很好地帮助他们做出全面的决策。告诉他们你想在他们的办公室现场做一个创意报告工作坊。不是用30分钟的时间展示一个虚假的作品，而是用一整天的时间，和他们一起合作，让他们评估一下和你的团队一起工作是什么样子。通过工作坊里一系列的合作练习，你们会一起探索这个创意任务背后真正的业务需求和用户需求，然后做出一些真正有用的东西——即便他们最终没有选择你们。

我应不应该做推介？

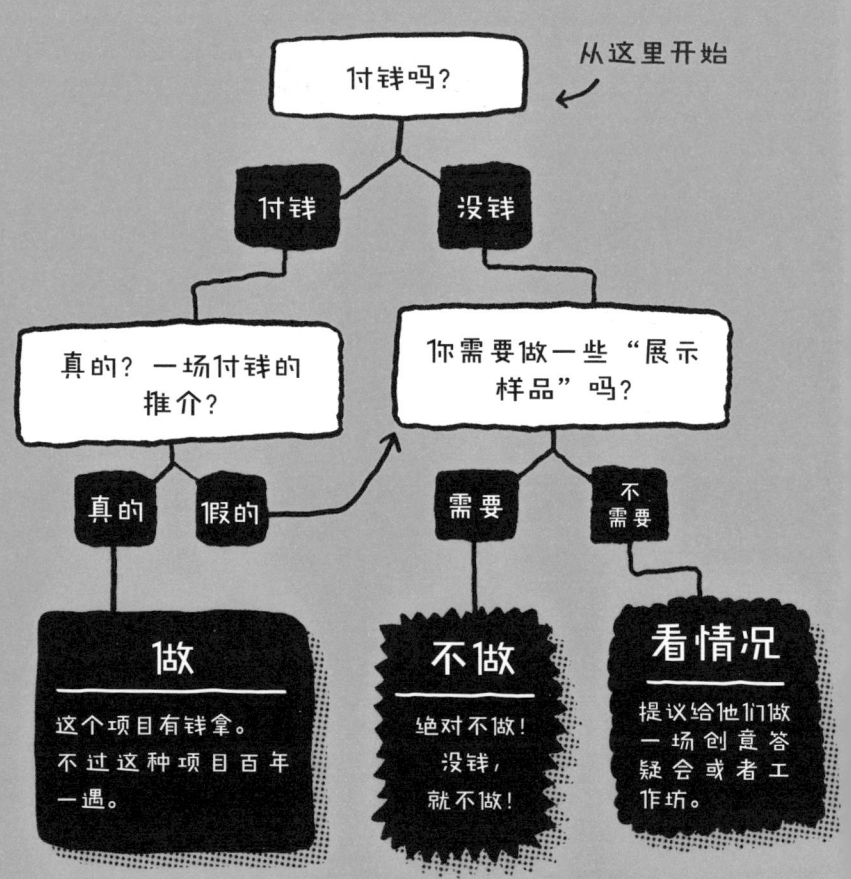

我在埃登斯皮克曼洛杉矶办公室的第一年，我们为好几家一开始要求提供展示作品的公司，做了好几场这样的工作坊。这样的工作坊结束之后，我们拿到项目的成功率是100%。客户真正了解了和我们一起合作是什么样的，而且他们也很感激我们坦诚地告诉了他们什么才是他们真正需要的。

创意报告工作坊怎么做

假设你已经说服了潜在客户更适合他们的是一场创意报告工作坊，接下来你的团队就需要开始准备了。创意报告的整体主题是"发现和协商一致"。你想要的是了解更多项目的信息，发掘出客户尚未考虑到的用户需求。在一天的时间里一起完成这个流程，你赢得这个项目的概率比起仅仅只是提交展示作品的工作室要高多了。

每场工作坊的具体日程和活动可能会根据不同的项目需求（针对品牌建设和推广的工作坊与针对数字化产品的工作坊截然不同）有所变化，但下面这些练习是你一开始就可以用起来的。

在工作坊的过程中，重要的一点是在开始每一项活动之前都要解释一下这个活动的目的和产出。市面上有很多关于工作坊方法论和活动的书（我极力推荐Google Ventures 出版的 Jake Knapp 的《设计冲刺》），但是不管你用什么方法，创意报告工作坊中的每一项活动都必须要有具体的、对客户有用的产出（即便他们最终没有选择你们）。

练习：定义用户画像①

时间：120 分钟。

目的：定义项目的目标用户群并理解他们真正的需求。

准备：

→ 印在大白纸上的空白人物卡片。

→ 一张根据案头调研②填写完成的人物卡片作为示例。

→ 至少两个用户画像原型，好在小组因某些问题卡住的时候帮助他们继续进行下去。

练习过程：

→ 开始练习时，引导师向大家介绍两张示例的用户画像卡片，并将卡片挂在墙上。

→ 引导师问各小组"下一个用户画像应该是什么"。第一个用户画像可能要花很久时间完成。如果需要的话，引导师可以通过提问引导大家进行练习。用户画像卡片完成之后，引导师将其挂在墙上。

→ 小组完成第一个用户画像原型之后，后续的用户画像练习时间限定为15分钟。

→ 当所有主要的用户画像类型完成时，引导师要求所有小组一起回顾用户画像卡片。做出的卡片不应超过6个。如果超过6个，小组需要再次认真检查并进行综合分析。

产出：

完成每个大用户群（产品/服务）的用户画像卡片。

---

① 用户画像是市场调研活动中用来描绘目标用户的方法。——译者注

② 案头调研（Desk Research）是市场调研术语，指对已经存在并已为某种目的而收集起来的信息进行的调研活动。——译者注

练习：产品（或品牌）愿景板

时间： 120 分钟。

目的： 找到产品或品牌在每个用户群中的机遇。

准备：

→ 把一大面墙面分割成 3 行 6 列。

→ 把上一轮练习得到的 6 张用户画像卡片贴在每一列的最上面。

→ 每一行的最左边贴一个标签。从上到下依次是："需求""解决方案""价值"。

练习过程：

→ 引导师引导大家思考每个用户画像对他们的产品或品牌的需求。例如，如果他们的产品是一款寻找美食的应用，那用户的需求可能就是"我要找一种方法，看看我正在吃的东西糖尿病人能不能吃"。

→ "需求"这一栏填好之后，引导师接着问"解决方案"。每一个"需求"都应该有一个对应的解决方案。还是上面美食应用的例子，那个需求对应的解决方案可能是"应用中可以设计一个筛选条件，让用户选择只显示适合糖尿病人吃的食物"。

→ 最后一步是"价值"。它要基于上一步的"解决方案"，给出这个产品或品牌给人们的生活带来的价值。还是上面那个例子，它的价值可能是"无论我的饮食需求是什么，这个应用都可以帮助我找到很棒的食物"。

产出：

产品（或品牌）愿景板显示出用户需求以及对应的机遇。

页面类型练习

时间：90分钟以上（取决于数字化产品的规模）。

目的：制作网站或应用的页面原型、目的以及页面应该包含什么元素。

准备：

→ 打印出充足的空白页模板，要保证工作坊的每个参与者都可以画出所有的主要页面。

练习过程：

→ 引导师介绍练习并汇总这一环节要进行头脑风暴的所有页面的列表。一个工作流程不能超过15个页面。只包括网站的主要页面，不包括第三级页面（比如法律声明）和不需要进行广泛讨论的"标准"页面（比如下架联系人页面或常见问题页面）。

→ 将参加者分成两组，页面也分成两组。

→ 在30分钟的时间内，两个组分别完成分到自己组的页面。

→ 每组分别展示自己完成的页面供大家讨论。

→ 引导师在模板上记录结果以及讨论要点。

结果：

一份整合过的网站页面地图。

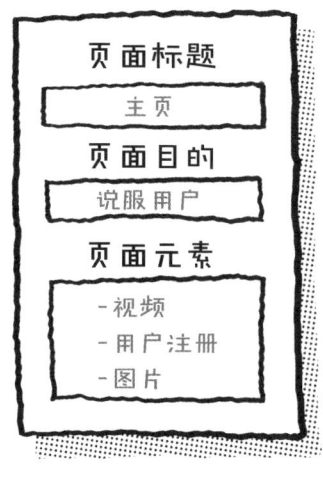 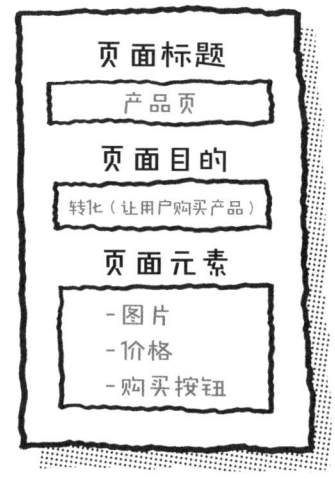

视觉词汇练习

时间： 120分钟。

目的： 在视觉语言上达成一致。

产出：
在品牌、推广或产品视觉语言的细节上达成一致。

（关于这一练习全面具体的过程见本书"视觉化的项目简报"一节。）

免费推介：缓慢的改变

只要工作室和客户还在，免费推介很可能还会是创意行业的一部分。如果我们想改变这个现状，就应该告诉客户为什么免费的创意作品对他们的业务和作品都没有益处。即使不能说服他们，至少也会对他们的观点产生影响。免费推介作为"客户和工作室"文化中的固有部分已经存在几十年了，假如我们想改变做事情的方法，就该承担起这份责任。

项目范围规划

创意行业那些最糟糕的工作方法——长时间加班、疯狂赶工、毛毛躁躁、乱乱糟糟——都有一个共同的根本原因：糟糕的项目范围规划。可能是预算太少，可能是时间太赶，也可能是一长串无法达成的可交付成果。

在规划项目范围这件事情上，我们创意工作者最大的敌人就是自己。对我们来说，如果一个项目让人感到兴趣盎然，那所有现实中的限制都会被我们抛到九霄云外。为了赢得项目，我们会对客户提出的所有要求统统点头，匆匆忙忙规划项目范围。在我的职业生涯早期，我无数次对潜在的客户说："我们先做做看，具体细节怎么处理我们到时候再说！"当然，等项目上手两个月之后，所有这些我们自己造的孽都会让我们苦不堪言，痛不欲生。

负责客户关系和业务拓展的那些人也要对糟糕的项目范围负责。他们的薪水跟项目直接挂钩（至少部分挂钩），而且由于他们缺少相关知识，总是低估完成项目需要花费的精力，或者说只要钱给到位了他们根本不在乎这些。

无论是谁的错，结果都是一样的：所有人都遭罪。夸夸其谈会让你赢得项目，但是通过这种方式拿到项目的下场通常都是无尽的压力、无法兑现的承诺以及长时间的加班。简而言之就是，客户失望，团队恼火。

糟糕的项目范围有什么毛病？

在职业生涯里，我们早晚都会遇到一个范围定义糟糕的项目，并从中吸取教训。只要遇到一次，我们就会牢牢记住这一点：在对客户各种心血来潮的要求点头之前一定要三思。几年前，在给一个财富五百强的企业做的一个很大的项目上我就犯了这个错误。项目预算很高，为了快速拿下这笔生意，我们团队聚在一起，匆匆忙忙把项目范围和提案写了出来，心里想着："预算充足，万事OK！"回头想想，没有一件事是OK的——没过多久，糟糕的项目范围就开始折磨我们了。

> 无论是谁的错，结果都是一样的：所有人都遭罪。

文档写得很笼统，与其说是项目范围，不如说是一张空头支票：我们承诺兑现客户脑海中出现的任何想法。毫不意外，客户看到我们的提案大喜过望，直接把项目交给了我们。但我们并没有高兴多久。项目开始后仅仅几周，我们就发现自己面对的是一个既庞大又陈旧的系统架构，光是理解它就得花上几周甚至几个月的时间，在那之前我们一行代码都写不了。

项目的最后几周真是人间炼狱。我们得在这个陈旧的系统架构上实现一大堆的新特性，同时还要综合无穷无尽的客户反馈，整个过程就像是杂技演员骑着独轮车表演，同时还有人拿着消防水枪不断朝我们嘴里灌水。最后一个月，我们每周的工作时间都超过了60个小时，所有的团队成员都崩溃到想走人。项目结束后的一次小组回顾会议上，我们团队意识到，如果一开始我们定义好项目范围的话，这一切都可以避免。这件事的教训：花点时间做好创意项目的范围十分关键。一旦签了合同，项目范围再怎么糟糕也无法更改了；无论之前定下来的时间多么荒谬，但由于已经定下来了（通常是在没有听取创意团队意见的情况下定下来的），整个创意团队都只能在这样的项目范围下工作了。不仅如此，糟糕的项目范围还会给你带来一大堆的问题。

长时间的加班

糟糕的项目范围是创意行业长时间加班的主要原因。如果项目范围定义得很糟糕，基本无一例外，到了最后只能加班加点赶上项目截止日期。

让你的作品和工作贬值

糟糕的项目定义范围通常意味着远高于预算的工作量，绝无例外。随着项目的进行，你工作的单价在逐渐被压低。最糟糕的是，一旦客户成功在项目范围上占到了便宜，你放心，他们肯定会故技重施的。在一些极端的情况中，这甚至会导致客户关系的破裂，因为你让他们对创意工作的成本形成了一个十分扭曲的概念。

> 糟糕的项目定义范围通常意味着远高于预算的工作量，绝无例外。

影响项目质量

你这么着急忙慌只为了在截止日期前完成项目，谁都能想到项目质量肯定会受到影响。虽然偶尔赶工没有什么，但是如果这种工作方式成了习惯，那你们的工作室就成了只能做出平庸作品的平庸工作室了。未来客户在决定要不要找你们做项目的时候，是要看你们的作品集的，他们才不在乎你是花了两小时还是花了两个月做出那个作品的——他们在乎的是作品的质量。

费钱

退一步讲，即使你不在乎你的团队或者作品的质量，你应该会关心这件事：糟糕的项目范围非常浪费钱。当你为了按时交工，在一个项目上手忙脚乱的时候，你不可避免地会让过多的人加入项目组，甚至还会去找自由职业者完成部分任务。显而易见，更多的人就意味着更多的成本。

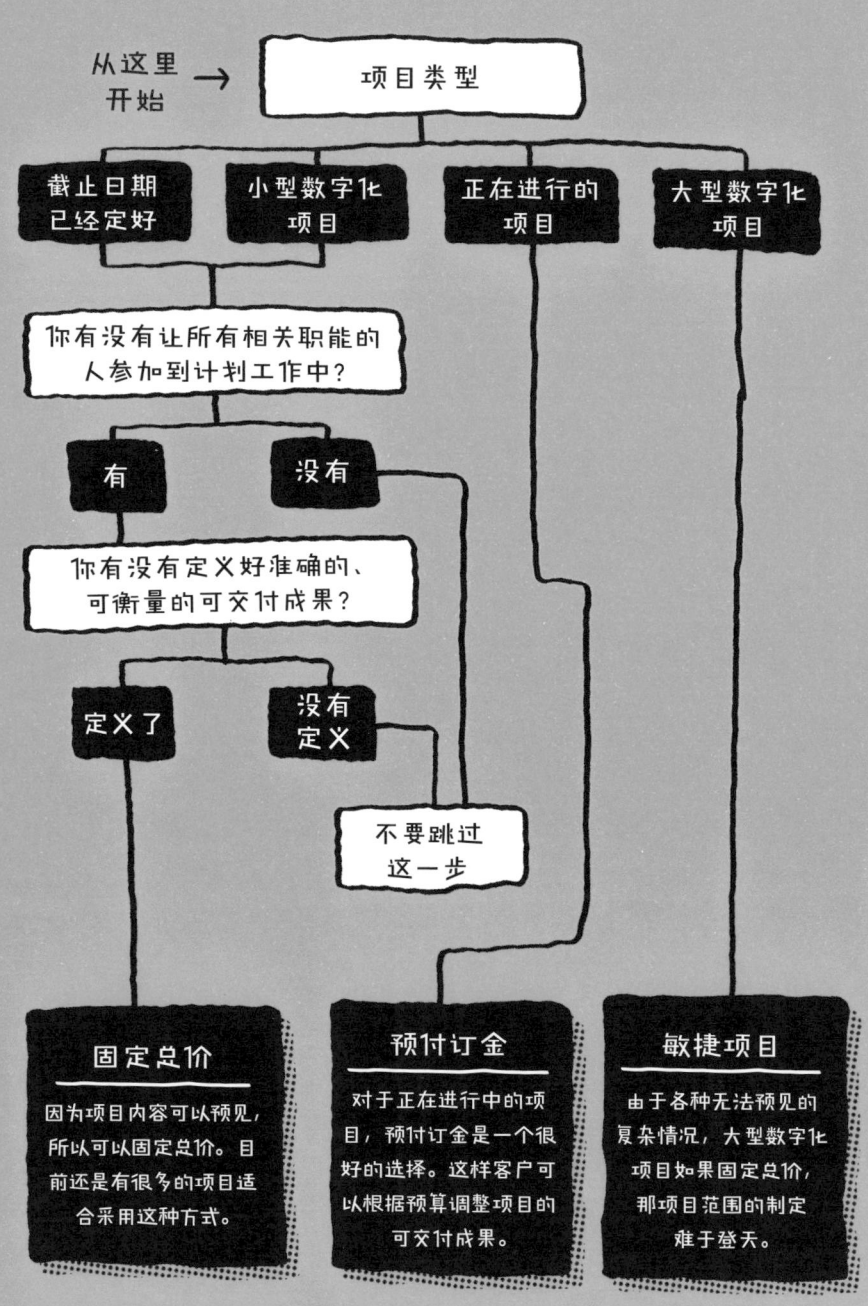

总价固定的项目 vs. 敏捷项目

创意项目主要有两种定价方式：要么购买项目交付成果，要么购买工作人员的时间。两种方法各有优劣。

现在最常见的方式应该是购买项目交付成果。这种方式很简单："你付给我钱，然后拿到成果。"表面上看，固定价格有着明显的优势：客户明确知道他们能得到什么成果，工作室也知道他们做这些工作能拿到多少钱。不过，细想一下，固定价格的模式有一个很大的弊端：不灵活。价格是固定下来了，但要是想在项目进行过程中改动项目范围的话，就会变得极为困难。大家需要重新调整范围，然后再完整走一遍审批流程。

而且这个固定的价格和对应的交付成果是在项目开始之前就定下来的，但那个时候大家对项目的细节都知之甚少。对品牌设计或者品牌活动策划这样的有固定可交付成果的项目来说，这通常不是问题。然而，对数字项目或者说跟科技相关的项目来说，项目范围经常变动，这时候固定的项目范围就成了大问题了。技术栈[1]还没定下来之前，要实现一个特定的功能需要多少时间，谁也不能做出准确的预测。对复杂的数字项目来说，固定价格模式从一开始就麻烦重重，所以要尽量避免。

创意项目的另外一种定价方式是由客户购买时间。它有不同的计算方式，有的很简单，按项目所耗费的工作时长付费；有的是客户付一笔订金，购买一定时长的工作时间。基于时间付费这种方式的主要问题在于不透明——客户不知道自己能拿到什么成果，工作室也不是很清楚他们有多少或者需要确保有多少工作量，所以很难规划工作。不过，这种方式的优点也很明显，合作双方可以更容易做出变动，而不用去调整冗长复杂的项目范围文件。

---

[1] Technology Stack，指一个项目中涉及的不同种类的技术。

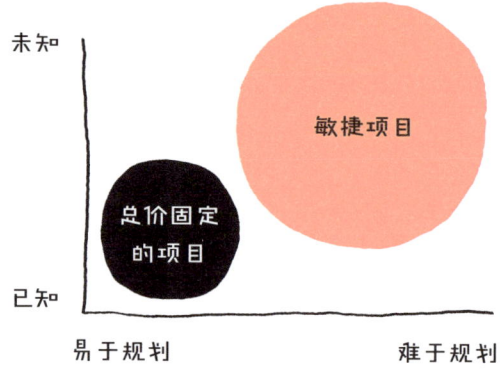

敏捷项目如何定义项目范围

将固定价格方式和按时间付费方式结合起来就是我们所说的敏捷定义项目范围。客户还是出固定的价格,但他们买到的不是一系列固定的可交付成果,而是客户和创意工作者一起定义出的、关于这个项目在"购买时间"内应该产出的内容。这种方式特别适合数字项目,因为在数字项目中规定好一系列固定的交付成果对项目没有什么好处。

敏捷项目的收费模式使得客户可以在项目的任何阶段改变他们想要的成果,而不会产生额外的成本(只要是在他们购买的时间之内)。而且,这种方式允许大家在做项目的过程中,根据对项目的深入了解做出相应改变。

举个例子,比如说你在给一家旅行社做一个预订软件。项目做到一半,你发布了一个测试版,然后收到了一系列的用户反馈。一方面,用户在反馈中表示想要旅馆的实景照片,甚至想在应用中整合 Instagram 的内容。另一方面,用户表示几乎不会用到消息功能。在一个敏捷项目中,你很轻松就可以根据这些反馈重新调整工作重心,集中精力去整合 Instagram 的内容,把消息系统的开发往后放一放,甚至根本都没必要写一个新的提案。

这种方式需要双方相互信任,如果你和客户关系很好,用这种方式就会很棒。如果你能说服客户采取这种方法,它会是现阶段做长期的数字化项目最好的方法:定价容易,合作也更高效。

一个总价固定的项目如何定义项目范围

虽然你可能偏向于采用敏捷定义项目范围的方式,但是在创意行业绝大多数的项目都是采用固定价格的方式;很多情况下,客户会坚持使用这种方式。如果你不得不采取这种方式,那一定要好好花时间定义项目范围。它会节省你的时间、金钱,减轻你将来的各种焦虑。

让所有团队的代表加入项目范围的定义过程

这一点虽然听起来谁都知道,但你一定要确保让所有将要参与项目的各个团队代表都加入进来。以我的经验,定义项目范围时最常缺席的是技术团队,他们负责着项目里最重要的部分,却被这么堂而皇之地忘在了脑后,这太让人费解了。花些时间,让各方都加入项目范围的定义过程中,无论是文案写手还是开发者。

听取真正做项目的人的意见

跟上一条同等重要的是,要让所有真正参与项目的人发表自己的看法,而不是只听取不插手项目实际工作的资深领导的意见。这里有一点要强调的是,一个人职级越低,他觉得自己完成工作需要的时间就越长,所以要合理评判他们的意见。

为最坏的情况做好准备

根据墨菲定律,凡事若可能出错,则必定出错。在创意项目里,这个定律是这样的,"凡事若可能出错,则必定出错,出了错,客户就会大改"。所以你在预估时间时,至少要多预留10%,这样你才有空去处理那些突发问题。

具体,具体,再具体

如果你做的是一个固定价格、固定交付成果的项目,那么定义项目范围的时候绝不能马虎。文档里应该详细说明:包括什么,不包括什么,会有几轮的反馈,什么时候反馈,以什么形式反馈等。

一定要指出不包括什么

一般来说,图片和字体的授权,摄影师和插图师的费用,以及差旅费用都不包括在价格里面。在写项目范围的时候,一定要指出定价中不包含的所有第三方或额外的成本。

撰写总价固定项目的项目范围

一份不错的项目范围说明文件一般都很长，也理应如此。通常来说，它应该包括以下几个部分。

1. 各阶段工作的描述

除了列出各个阶段的工作内容，一定要说明各阶段工作的目的。比如，"商标概念阶段"，描述应该是"定义一系列的商标概念，客户从中选择一个"。

2. 可交付成果

提供可交付成果的时候，一定要具体，具体，再具体。例如：

→ 我们会做三个设计方向的商标，然后亲自去客户办公室展示。

→ 概念展示的时候，针对每个设计方向的商标，我们会提供三个实际应用场景的样品，包括应用启动屏、名片，以及信头。

→ 展示之后，客户会选定一个设计方向。如果客户认为其中一个商标不太合适，工作室可以提供额外的设计方向，按时间和物料额外收费。

→ 针对选定的商标概念，客户可以提供一轮反馈。额外的反馈按时间和物料收费。

→ 所有的反馈都应以书面形式传达。另外，客户应指明一个代表。若我们对反馈意见有疑问，可以直接联系他了解情况。

→ 项目最终成果的批准应以书面形式提供。

3. 成本

为了保证完全透明，把成本按小时分解（或者按天，取决于客户的偏好）。另外还要提供每个工作阶段的成本细分，以及每个阶段所涉及的不同角色的数据。

4. 时间

所有项目范围的提案都要包括一个可交付成果的时间线，还有最重要的一点：记得写上反馈的最晚时间。另外，一定要加一句，如果反馈时间延后，那么项目的完成日期也会相应推迟。

固定范围项目的成本计算器

每日费用
基准系数。

售出天数
同所有会参与到项目的相关团队讨论后的一个合理预估。

难搞的客户（+5%）
可能会有无数次的反馈？计算进来。

赶工（+5%）
谁都不应该在周末加班。这个肯定要收费。

项目可交付成果不清晰（+10%）
不过最好还是把这个理清楚，节省时间和金钱。

技术的不确定性（+10%）
未知的技术是个黑洞，必须算进来。不过理想状况下应该是按时间计算费用。

总计

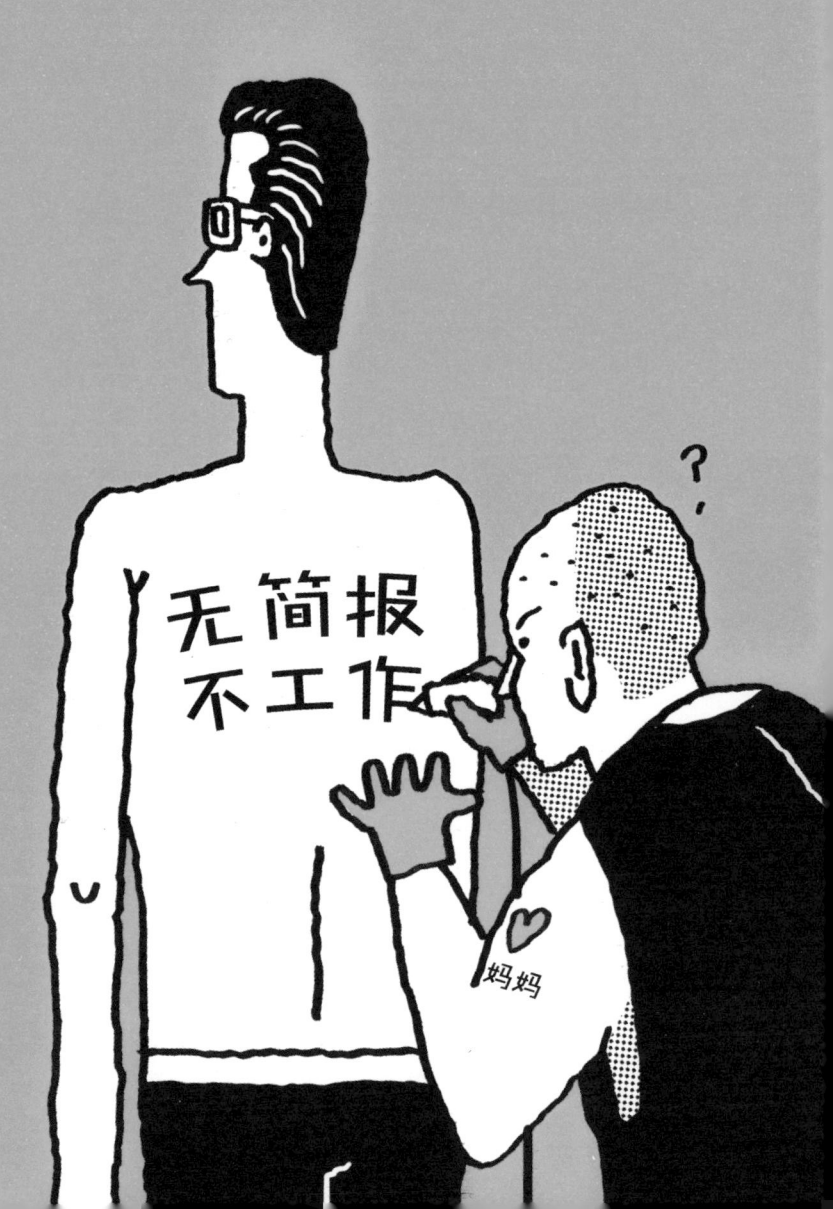

项目简报

我之前共事过的一个创意总监，他的人生信条是"无简报？不工作"。我们就叫他安德鲁·奥古拉夫吧。他对这个人生信条的坚守达到了病态的程度。你想要给应用设计一个新的加载屏？写个简报吧。你想修改海报上的字体？写个简报吧。你想把某个按钮的颜色调淡一些？写个简报吧。他对这个信条的坚守简直让我佩服，甚至你要是告诉我他把这个信条文在了他的屁股上，我都不会有丝毫怀疑。安德鲁的信条成了工作室里的一个传说，整个创意团队对此都习以为常，因为这个信条把所有业务部的人都搞疯了。

尽管这个古板的方法有些极端，但一个项目中简报的重要性再怎么强调也不为过。创意人员在没有简报的情况下一头扎进项目制作，这种情况我们屡见不鲜。在没有简报或者简报写得一塌糊涂的情况下工作效率低下，浪费时间。它让我们在项目一开始就误入歧途。

无论你是自己给自己打工的自由职业者，还是一家工作室的初级设计师，或是一家公司内部的产品设计师，甚至说即便你是个创意领主，花 30 分钟写个不错的简报都会让你的项目受益匪浅。在着手开始工作之前，每个创意任务都需要一个清晰的目标和一个可交付成果的列表，无论项目有多小。即便只是你一个人做的东西也应如此。没简报？不工作。

糟糕的简报专为混蛋设计

一份简报甚至可以决定一个创意项目的成败。简报做得好，你工作起来效率就很高，出来的作品也符合策略，满足客户的期望，而且，最最重要的一点：大家都能按时回家。简报做得差，随之而来的就是不合要求的作品、长时间的加班，以及失望透顶的客户。尽管如此，糟糕的简报在创意行业里仍然屡见不鲜。由于行业的快节奏以及变态的截止日期，我们有时候会因任务太微不足道或者时间太紧不愿"浪费时间"去做简报。但这里欠的债到头来我们都是要还的。

我举个例子。几年前，我们为一家大企业客户做过一个内容管家的工作。"内容管家"其实只是个比较好听的说法。真正的工作内容就是：他们会每周在博客上发一篇文章，我们要给这篇文章配一张封面图。因为这个任务看起来"比较简单"，所以这个项目上没有级别高的人，也没有做什么简报。我们一个幸运的设计师被派去制作每周的图片，他通常会花几天时间在盖帝图像网站（Getty Images）上找些跟抽象主题相关的图片。有个主题叫"MOB spread"[①]（是的，真事）。事情一塌糊涂。因为没人给任务做简报，设计师得先花一半的时间去理解那个"MOB spread"到底是什么意思，然后剩下的时间再去疯狂地寻找可以传递那个意思的图片。盖帝图像网站成了他的点击黑洞——他每天都会在上面点点点到半夜。一周又一周的时间过去了，这内容管家的项目耗费了我们很大的人力和财力，到头来这个项目甚至是亏钱的。

一份简报甚至可以决定一个创意项目的成败。

最终这个项目被叫停了。很明显要么流程得做改变，要么这项目我们不能做了。之前我提到的那个创意总监很有经验，他看到一塌糊涂的项目现状，严厉地批评了业务团队，然后接管了项目。终于不用一天天地在盖帝图像网站上漫无目的地点来点去了；相反，选择图片之前会有一个简报会，好充分理解和识别相关的主题，接着会有一个很短的头脑风暴环节，定义出设计

---

① 指期限相同的市政债券和（美国）国库债券的收益率差价。——译者注

做简报还是不做简报

良好的简报

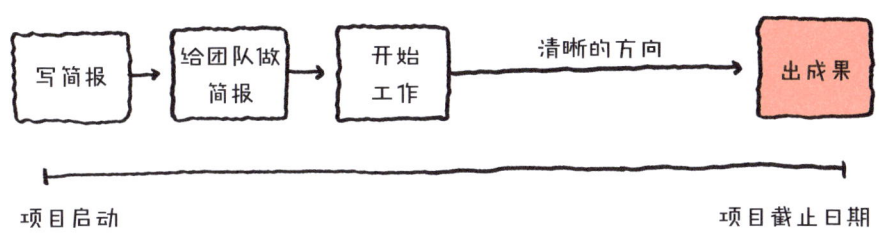

没有简报

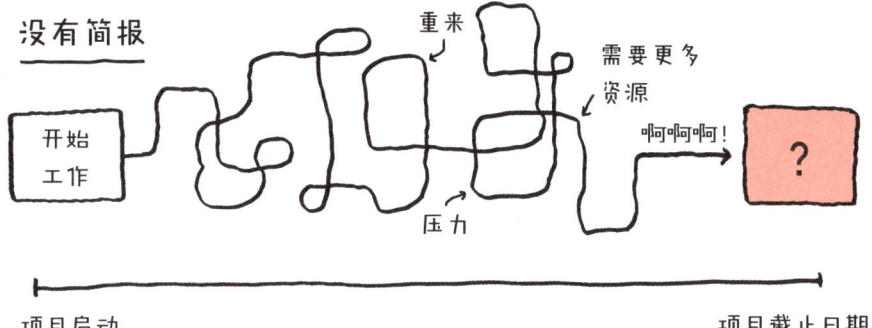

师应该寻找的三个主题词。简报会只是在每周开始的时候花费大家一小时，却省下了后面好几天寻找图片的时间。不仅如此，项目产出的质量也焕然一新，大大提高了。有几次的图片是我负责的，我到现在仍为此感到骄傲——而这绝大部分要归功于良好的简报。

糟糕的简报

创意简报只是简单口头做做，或者不够详细具体，这些情况太常见了。糟糕的简报通常有下面几个常见的问题：

→ 没做简报，或者没有书面形式的简报。
→ 没有面对面的、大家可以提问的简报会议。
→ 简报文档太长了。
→ 具体的期望和可交付成果，以及谁负责完成这些可交付成果，这些都不清楚。
→ 截止日期不清楚。

如何正确地做项目简报

一个好的项目简报有两个关键组成部分：一个是可以解决问题的、面对面的启动会议；一个是会后发出的、可以作为项目进行过程中参考的书面简报文档。

退一步，写简报

无论项目有多小，你有多急，截止日期有多近，好好准备一下，总会给你节省一些时间（磨刀不误砍柴工）。一份简报可能会花费你几个小时去准备和执行，但是如果没有简报，你可能会浪费几天甚至几周的时间。

即便客户给你们做了简报，你还要再做一个简报

即便客户给你们做了一次简报，大多数情况下，你可能还需要重新做一次。这种叫作二次简报，不仅仅是改改格式而已；二次简报的重点是重新梳理客户的需求并排序，好让你的创意团队更好地完成项目。

好的简报	糟糕的简报
简报 书面形式	  给我设计一个应用软件！ 口头形式
清晰的项目列表	 东拉西扯，毫无头绪
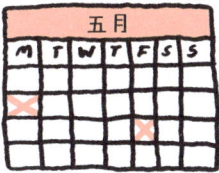 五月 清晰的截止日期	 没有截止日期

面对面的简报必不可少

除了书面的简报，面对面（或者通过电话）的简报也很重要。在这样的简报会议上，客户或者业务团队可以直接传达项目需要达到的目标，解答创意工作者可能提出的任何疑问。这种形式的简报会议无可替代。

鼓励提问

一到提问的时候就一言不发，创意工作者为此臭名昭著。一定要鼓励他们提问，保证他们心中所有的问题都得到解答。

如何撰写一份超棒的简报文档

撰写一份超棒的简报文档绝不是什么火箭科学一类的高科技的事情。其实有一个适用于所有项目的格式，傻瓜都知道怎么用。这样的文档清晰、简短，全部都是项目列表，不会超过两页——超过两页的话，创意工作者就会目光呆滞、神游天外。简报可以有不同的格式，但是大体的结构基本一致。

背景

任务的背景可以帮助我们理解为什么客户想做这个项目。可能是市场上出现了新的竞争者，所以他们需要做一轮新的活动；或许是最近一轮的用户反馈表明他们应用的主屏幕需要重构。这一部分通常就一两段字，也是整个简报里最啰唆的一部分了（因此，也最容易被设计师忽略）。

任务

我们具体需要做些什么？这一部分不能超过一行字。详细的可交付成果会列在后面的部分。

目标

这个任务需要达到的具体商业目标或者用户目标，应该列在这里。是不是要提升销量？还是要让用户更方便地进入他们的账户？这些要点都应该是具体的、可量化的。

一个良好的简报分解

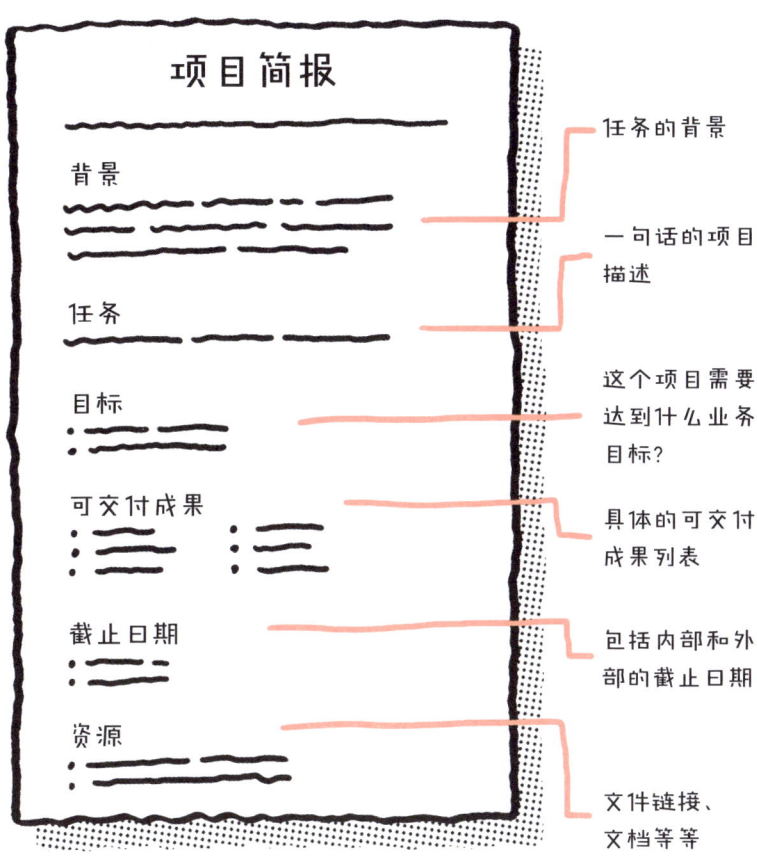

策略

如果是广告推广或品牌项目,这一点是必须要有的。它是我们要传达的中心思想或者品牌信息,或者叫作"大创意(The Big Idea)"。例如,如果一个新的厕纸品牌,它要传递出他们的厕纸超级柔软,他们的策略可能就是:"Fluffy[①](品牌名)是市场上最柔软的厕纸"。

可交付成果

可交付成果要一点一点、简明扼要、清清楚楚地列出项目应该产出的东西是什么。这里不要毛毛躁躁、马马虎虎,这里应该是整个简报里最一丝不苟的地方。例如,最终到底要出几个版本的方案?要求的广告尺寸具体是多少?

截止日期

简报不仅要详细写出项目最终的截止日期,还要详细列出项目过程中各个时间节点,包括中期回顾、第一次客户展示、设计改版最终展示,以及最终成品的截止日期。

资料

列出所有额外的资料。详细写出各类资料的用处,写清楚哪些资料是必读的,哪些资料是选读的。最让人抓狂的就是有些人在简报文档中列出五本百科全书厚度的书,让大家纳闷这些书到底是什么。另外,如果有可以描述你观点的例子,一定要把例子列在这里。而且一定要写清楚为什么列出这些例子。如果你列出了一个应用设计的例子,这个例子用一种新颖的方式解决了类似的挑战,那你一定要说清楚这个例子的突出特性在哪里。例如,"看看Instagram是如何在一个应用内跳转至不同账户的"。

---

① 单词本意也是松软、柔软。——译者注

视觉化的项目简报

创意工作的本质是视觉化的,所以有时候一个书面的简报还不够。普通的客户通常很难描述出他们的项目应该具有怎样的外观,怎样的感觉。这通常意味着我们要做出多个方向的创意概念,使其中至少一个可以满足客户的需求。但是,有一种方法可以最大程度地减少这种猜疑,让那些即使是最"不视觉"的客户也能很好地用简报表达出自己的需求,因而最终做出来的产品也就更可能在一开始就合乎客户的心意。这种方法就是"视觉词汇练习"。

视觉词汇练习是一种帮助定义视觉语言方向的实操会议。整个过程主要围绕一面很大的"视觉墙壁",上面贴满了提前准备好的参考材料。客户可以在墙上移除、替换这些材料,还可以在材料边上做标注。例如:这个字体看起来比较时髦,比较适合我们。这个练习的目的是提供一种方式,让那些口头上不知道该怎么表达的客户,用现成的视觉材料表达出他们的品牌或者产品应该是什么样的。比如说,并不是所有的客户都会用设计语言表达说:"我们的品牌应该用一种衬线字体,这样才显得庄重一些。"

这种练习需要提前做点准备,但是比起花上几周时间忙得团团转做出一些客户并不喜欢的作品,还是要省下不少精力。需要强调一点,这个视觉词语并不是这个项目的情绪板①,它只是一个高度聚焦的矩阵,目的是更好地了解客户心中他们的品牌或产品在无限可能的视觉海洋里的定位。视觉词汇练习,加上面对面的启动会议和一份优秀的书面文档,这是你能给创意工作者提供的最直接,也是最有用的简报。

> 创意工作的本质是视觉化的,所以有时候一个书面的简报还不够。

---

① 情绪板(Moodboard),是通过一系列图像、文字和样品的拼贴来展现设计师对一个项目设计方向和形式上的感觉。——译者注

视觉词汇练习

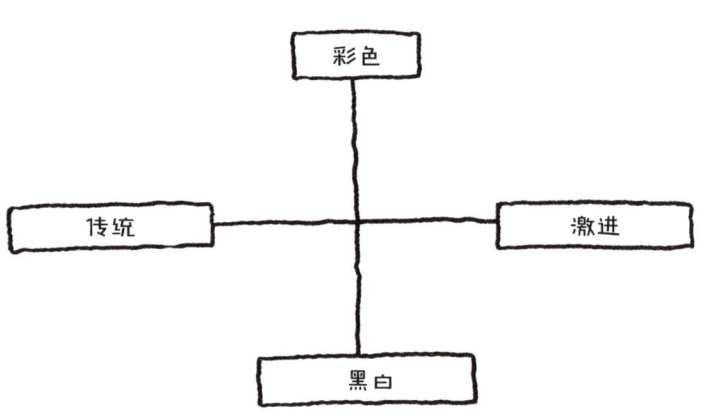

1. 定义坐标

3. 客户移除墙壁上不适合他们品牌的条目

2.在一面"视觉墙壁"上放满参考材料

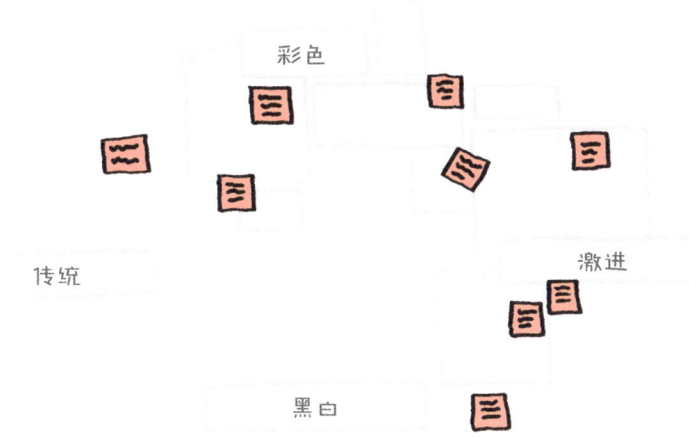

4.讨论笔记是创意简报的基础

反馈[1]

创意行业充斥着各种各样的名人逸事，故事里那些人会在项目进行得热火朝天的时候冲进会议室，把项目组好几周的成果付之一炬，决定为了做出"伟大"的作品破釜沉舟。为了做出好作品，这么做无可厚非。然而，根据我自己的经验，创意行业的领导层一般很难给他们的团队提供有意义的反馈。

想要做出伟大的作品，清晰、毫无歧义的反馈十分关键。这并不是说你要当个混蛋，只是说你要诚实、直接。创意总监们总是会忘记，那些对他们来说显而易见的东西，对缺乏经验的初级设计师来说可不是那样。到头来，设计师和创意总监都很沮丧，他们都搞不明白为什么对方就是"不懂"自己。

做创意总监第一年的时候，我会当面跟他们讲自己对他们设计方案的看法：通常我的反馈是这样的，"需要更大胆一些！"或者"我们要做得更宏大一些"。回想起来，我的反馈实在让人摸不着头脑，不清晰，不具体，对他们毫无用处。一个好的领导给团队做简报或者给予反馈的时候，要考虑到"最小公约数"，也就是说，你的反馈要让团队里最初级的设计师听得懂。如果有人不理解你说的东西，你的反馈就是毫无用处的。如果下一轮修改过的作品看起来仍然一团糟，那错在你，而不在他们。

---

[1] 工作沟通的一种形式，这里特指上级对下级的指导性意见。

如何不给反馈

说到给反馈，还有一类不怎么招人喜欢的创意行业领导也是臭名昭著。这类人不是别人，正是我们可爱的老朋友，那些极端自我主义者。极端自我主义者喜欢把给反馈的机会当成练习建立自我形象的操场。他们喜欢站在羞涩的新人面前说一些"聪明"话。他们喜欢在现成的观众面前，讲一些"美好的旧时光"里充满智慧的故事，把大家逗乐。总之，虽然他们的技术在我们这个时代已经飞速地步了恐龙的后尘，但只要还能逗乐大伙，他们就觉得已经成功把自己的影响力像混凝土一样稳固住了。最荒谬（坦白讲，也最尴尬）的莫过于一个从来没用过智能手机的55岁的老人，跟一群26岁技术过硬的数字设计师讲如何打造良好的移动用户体验。这种事情每天都在发生。甚至说，如果你在一家大工作室上班，很可能此时此刻在你所在的办公楼里就发生着这样的事情。

大多数工作室都有至少一个极端自我的创意总监，他们最喜欢的就是自己的嗓音。让我记忆犹新的是一家大工作室的执行创意总监，我们就叫她葛楚德·格陵高斯吧。她可真是个让人讨厌的家伙。

> 想要做出伟大的作品，清晰、毫无歧义的反馈十分关键。这并不是说你要当个混蛋，只是说你要诚实、直接。

我遇到葛楚德是在一个大项目上。这个项目是我们两个团队一起合作的。葛楚德不苟言笑，之前在广告行业已经干了30多年了。她带领的团队里都是才华出众的创意工作者，但是想到她对待员工的方式，我就纳闷为什么会有人愿意为她做事。她待人处事像个喜怒无常的暴君，在她给员工反馈的时候表现得最为明显。

葛楚德给反馈的时候，喜欢有一大群观众。她会邀请所有的团队成员，来到她能找到的最大的会议室。作品被投影仪投在大屏幕上，大家各自坐好，所有人都很紧张。葛楚德盯着屏幕上的作品，会议室里只剩下投影仪的嗡嗡声和她粗重的喘气声。过了好像有1000年，她才清清嗓子，用她好比索伦[1]一样沙哑的嗓音说："谁把这个按钮做成绿色的？"接着整个会议室会陷入一片寂静。这个女人即便不是我的老板，我都被吓得快尿裤子了。会议室的角落，她团队里有一个人慢慢举起了手，这个人显然知道自己将要面对的是什么。"绿色是客户商标的颜色，所以他们坚持——"在葛楚德还没打断他之前，他说话已经结结巴了。"你是不是蠢？绿色是一种令人讨厌的颜色。呕吐物的颜色才是绿色。你想让用户吐出来吗？这个页面就好像你吐了一摊东西在上面，你个傻瓜！"

---

[1]《指环王》中的黑暗之王，魔戒的主人，嗓音沙哑低沉。——译者注

让人闻风丧胆的反馈循环

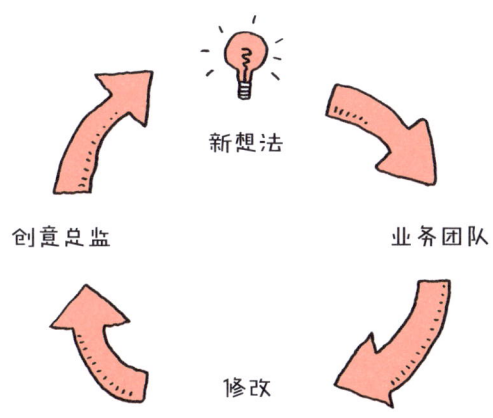

重复这个流程直到截止日期前的最后一分钟。好玩!

然后,葛楚德会晃晃悠悠地站起来,转过脸看着设计团队,开始她招牌式的怒吼。"你们知不知道什么是创意?你们这些人想的就是做个东西出来!根本没去想什么是创意。1986 年我做了史上最成功的广告案,那个时候,我们做的东西让人永生难忘!永生难忘知道吗?这个垃圾作品会让你们永生难忘吗?!"她指着屏幕说。我那时候不敢说话,但我现在想说,整个团队的目标并不是要把屏幕上的"报错"表格设计得让人永生难忘。

总的来说,我们团队没有遭受过葛楚德怒火的洗礼。不过,在接近项目发布的时候,我收到了来自她的一封对我们团队的反馈信。那封邮件的语言支离破碎,读起来就像是一个 6 岁小孩闹脾气的时候写的话一样。葛楚德自己觉得比较重要的一些语句被高亮了,好达到更好的效果。其中我最喜欢的两句是"你是不是蠢?"和"这太丢人了!"。当然这封反馈信里面没有任何可以做出行动的点,它和一通无能咆哮一样毫无用处。事后,我们团队坐在一起试图破译这封长篇檄文背后的意图。毕竟,要怎么样才能把一个联系人表单的界面做得不那么丢人呢?要不是项目一周后就要发布,我可能会让葛楚德从哪儿来滚回哪儿去。

葛楚德这类人总会忘记的一点是,给反馈的真正目的有两层。首先,最显而易见的目的是鼓励创新,让团队做出尽可能好的产品。其次,还应该包含一个重要的因素：团队的成长。好的反馈是一次学习机会，团队可以借此了解自己应该做些什么，下次就可以做得更好。极端自我主义者通常对第二点毫不在意。

这里我要说清楚一点：给反馈并不意味着就要做个老好人。恰恰相反，没有直接、坦诚的反馈，我们的世界会充满平庸乏味的作品，根本不会有什么创新。想要你的团队做出伟大的作品，直接坦诚的反馈十分关键。不过，无论你的反馈是好还是坏，最重要的是要解释清楚你为什么要给这样的反馈。不然的话，你怎么能期望你的团队成长？负面的反馈如果用一种充满建设性的方式提出来，就是一次很好的学习机会。那些极端自我主义者推门进来直接喊"重做"，问他为什么，他就说是"东西不够好"，这种反馈怎么会成为团队的学习机会呢？

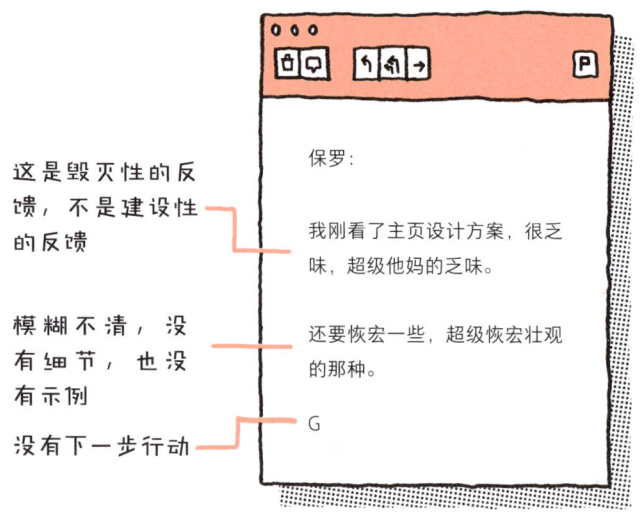

给反馈的行为规范

不当混蛋的前提下，如何给出最严厉的反馈，同时还让你的团队学到一些东西？

要直接坦诚

给反馈的时候不要委婉，永远都要直接坦诚。创意总监给反馈的时候总是很委婉，那团队做出来的作品肯定很平庸。要礼貌、尊重，但一定要直击要点，毫不妥协。不要害怕让人重做，也不要有负罪感。

要积极并具有建设性

极端自我主义者永远不愿意放弃控制别人的权力，这也是他们做领导都很差劲的原因。一个好的创意行业的领导不仅要带领大家做出好的作品，还要让团队成长起来，让团队可以自己做出伟大的产品。当你给反馈的时候，要先思考一下你的团队能不能从你的反馈中学习到什么。建立伟大的团队其实就是通过建设性的反馈意见，提高每个人的技术能力并建立起每个人的自信心。创意工作者不用害怕顶头上司的怒火，可以放心大胆试错的时候，才是他们最佳的工作状态。

要清晰且无疑义

这一点很多创意行业的领导——即便是那些完全出于好心的领导——都做不好。你的反馈应该清晰，最重要的是要能让别人知道怎么做出改变。好的反馈是具体的、没有任何疑义的。不要说那些含糊其词的话，比如：不要说"设计得更磅礴一些"，而是要说清楚，例如："主页图片太少，白色背景让整体的设计看上去很素，很乏味。试着在顶部主角区域（Hero Area）[①] 放一个循环播放的视频。还有，你们再做一个版本，把页面的背景颜色换成黑的，看起来更有力度。"

提供示例

无论是口头还是书面的反馈，无论多么清楚，有时候可能都不够。所以你要提供一个示例，支撑你想说的观点。比如我们上面举的那个"乏味的主页"的例子，你就可以举一个背景视频用得很好的例子，描述你想要达到的那种效果。

鼓励提问

---

① 主角区域或英雄区域，网页设计术语，指屏幕或页面顶部区域，通常占据整个宽度。——译者注

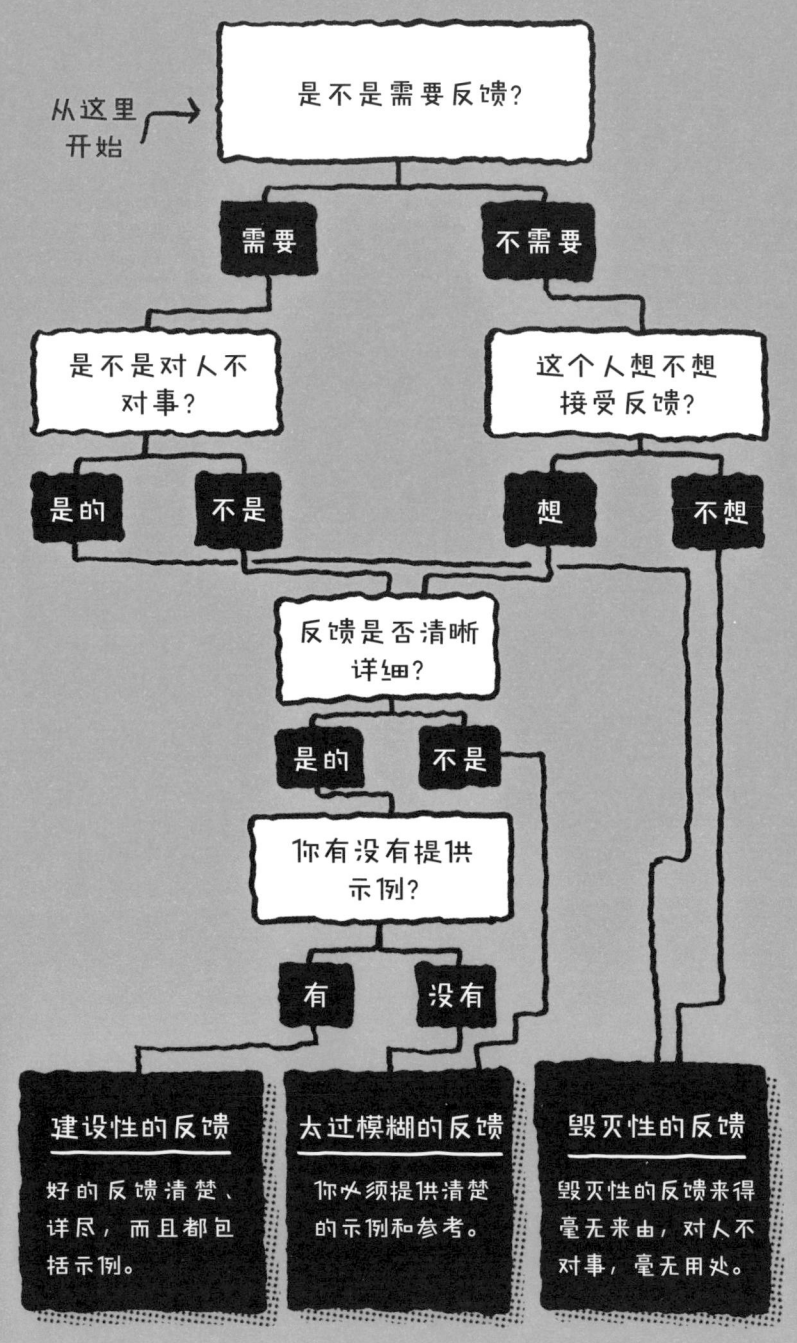

创意从业者，特别是那些刚入行的，都很怕问问题，因为怕自己问的问题很蠢。其实，让团队成员觉得提问很蠢的领导才是屋子里面真正的傻瓜。确保每次反馈会议之后都有一段专门的时间用来提问，团队成员在这个环节可以放心地提问，只有房间里所有人都至少提过一个问题之后才可以结束这个环节。

接受反馈的行为规范

创意总监或者设计总监有责任给出清晰且有建设性的反馈，同时，创意工作者也必须正确地理解他们的反馈，这样才有可能做出好的作品。正在看这本书的创意工作者们，下面是你们应该做到的一些事情。

阅读简报

这一点可能听起来再明显不过了，但看到有人不读简报我一点都不会惊讶。你已经不是学生了——完全理解任务是什么是你必须应该做到的事情，不是你想做就做，不想做就可以不做。请阅读简报！

现在再读一次简报

是的，你没有听错。你很可能漏掉了什么，漏掉的很可能就是"可交付成果"那一部分的。请把简报再次阅读一遍。

问问题

不知道出于什么原因，很多创意工作者都觉得问问题会让自己看起来很愚蠢。所以他们在简报会议上一言不发，只有在会后才会和同事讨论这个什么意思，那个什么意思。请记住这一点：没有什么问题是愚蠢的，什么问题都不问的人才是愚蠢的。你有什么东西不懂，那就开口问。

记笔记

不记笔记在刚入行的创意工作者和实习生中极为常见，对此我深恶痛绝。你不是超级英雄，没有过目不忘的记忆，那就乖乖记笔记。用笔，记在纸上。

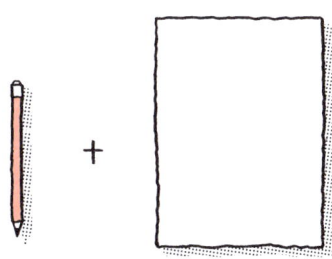

接受反馈的秘密工具

项目展示

每个创意项目终归要离开设计师MacBook的安全怀抱，来到客户面前（如果你们是公司内部的设计团队，这个"客户"可能就是公司内部的利益相关者），任由他们评判。对于某几个幸运的人来说，当众展示项目成果可能易如反掌，但对大部分创意工作者，特别是刚入行的新人来说，站在一屋子人面前一刻不停说上30分钟，想想都可怕。展示的时候，他们手心冒汗，喉咙干痒，恨不得地板能突然裂开把他们吞进去。

    关于创意作品的展示，请允许我先说一个很少人知道的事情：无论业务部门的人或者创意总监多么能说会道，让他们介绍作品都不如让真正做作品的人来展示好。好的展示并不是个销售的活儿，它需要引导客户了解创意方案背后的思考过程和逻辑。即便你没有乔布斯那种舞台上的魅力，即便你在台上结结巴巴，都没有关系。实际上，知道自己在讲什么的人，无论自己说得怎么样，最终都会让大家明白他在说什么。无论多少销售的扯淡术都比不上真正有用的信息。不过话说回来，和其他所有事情一样，展示创意作品的方法也有两种：正确的和错误的。

"大揭秘"式的展示

按行业传统,创意作品展示的场地布置看起来通常像是赌城拉斯维加斯的魔术表演。木偶大师通常是创意总监,他会带领着一群大眼圆睁的客户,观看一场高潮迭起的创意作品"大揭秘"。在十几张"激动人心"的幻灯片过后,创意总监难免要来一段长篇大论,然后就是最伟大的时刻:揭晓作品。在这些展示中,大家会用尽十八般武艺,绝不会藏着掖着。所有的小技巧、酷炫的动画、动情的视频、恢宏的背景音乐、穿着紧身衣跳舞的小猫,统统都会用上。这些展示的场子可太热闹了,它们就是极端自我主义者的圣诞或者春节。

我听说过的最著名的一位魔术表演大师,现在已经退休了,他是个创意总监,臭名昭著。我们就称他为亚瑟·阿巴托斯吧。他是个名副其实的50年代广告人。对这种"大揭秘"式的展示,亚瑟总会严阵以待,他会使出全身解数让客户发出尖叫。他表演的诀窍在于一个巨大的老旧铁箱。这箱子看起来还挺像魔术师用的那些东西。箱子很大,至少可以装下两个人。每次展示,无论大小,亚瑟都会把这个大家伙推到客户的办公室。你甚至能听到大箱子从办公楼另一头咔嚓咔嚓推过来的声音。时间一到,亚瑟就会把大箱子推到展示场地。他会停顿一下,好制造一点戏剧效果,然后深吸一口气,以迅雷不及掩耳之势,用不知道哪儿来的惊人力气,一把将箱子抱到会议室的桌子上,发出雷鸣一般的声响。如此猛烈的动作使会议室的玻璃都嗡嗡作响,桌子上的笔也骨碌骨碌滚到了地上。第一次看到这情形的客户无一例外全都倒抽一口气。接下来是至少5秒钟死一般的寂静。然后亚瑟会用一种低沉、入戏的嗓音开始他的长篇大论。自始至终,观众的眼睛都在死死盯着那个大箱子,而亚瑟会慢条斯理地解释作品的大创意,大说特说作品的每个细节。接着,最后一个充满戏剧张力的停顿之后,亚瑟会打开铁箱的盖子,吱吱呀呀的声音不绝于耳。两块玻璃板中间躺着的是一份最初的广告创意稿,像是刚刚从埃及出土的文物一样。这份广告创意稿正是他今天要向客户展示的东西。房间里的客户此刻已经陷入了疯狂状态。坦白讲,即便那两块玻璃板中间放的是一坨狗屎,迎接它的也会是雷鸣般的掌声。

自然，为了达到这一刻的戏剧效果，必须得有人出力完成一件小任务：把作品做出来。在传统工作室中，这通常是由幕后一群资历相对较浅的创意工作者完成的。他们永远不会接触客户。创意总监不参与作品的制作，只是最后展示的时候出现一下，这种情况其实很常见。"大揭秘"前几周或者几个月，客户把任务发过来，然后出一份简报。接着，创意团队就会像隐居的中世纪修道士一样，把自己锁在一个黑黢黢的洞穴里，开始制作令人惊奇的概念作品。几周或者几个月之后，他们会从墓穴中出来，像是复活的耶稣，手里捧着的是即将彻底改变客户业务状况的下一个大创意。

诚然，"大揭秘"式的展示方法很有趣，可以让下午昏昏欲睡的客户精神抖擞，这一点毫无争议。但是，至于能不能保证作品的质量，可能性只有一半一半。创意工作者并不是当代弥赛亚，也没有读心术，基于此，"大揭秘"式的方法做出来的作品有50%可能是客户不喜欢，甚至根本不需要的。在密室里连续工作几周虽然很有趣，但是如果你想解决客户面对的问题，把客户——最了解他们业务的人排除在项目之外，并不是明智之举。

检查作品不仅仅是在最终展示的时候

让客户接受你作品的真正秘诀很简单：让客户参与到所有流程中来，而不仅仅是在项目最后一天的展示上。不要让客户"大吃一惊"。没人喜欢大吃一惊，即便是惊喜。如果客户一直参与作品的创作过程，就越有可能接受最后的方案。

和客户一起定期检查项目进度，向客户坦诚地展示项目目前的方向，避免一切猜疑。学习软件开发公司的做法，每天早上来个15分钟的"每日站立会议"，会议上简单讲讲你前一天做了什么，今天要做些什么。最重要的一点，邀请客户参加这个会议，这样他们会觉得自己是项目组的一员。除此之外，确保至少两周要有一次工作进度的展示。在埃登斯皮克曼，我们几乎所有的项目都采用了"scrum[①]"的方法，每两周会和客户一起检查作品状况。如果采用了这种合作方式，那就不会有什么让人大吃一惊的东西，（几乎）每一次你的作品都会符合客户的需求。

---

① 一种通常用于软件开发的迭代式开发过程，现也用于各种敏捷项目管理。——译者注

展示行为准则

正确的展示

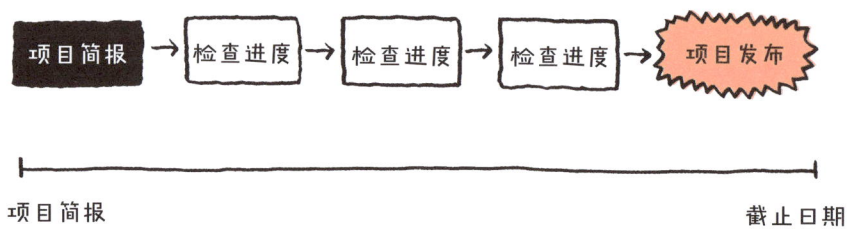

错误的展示

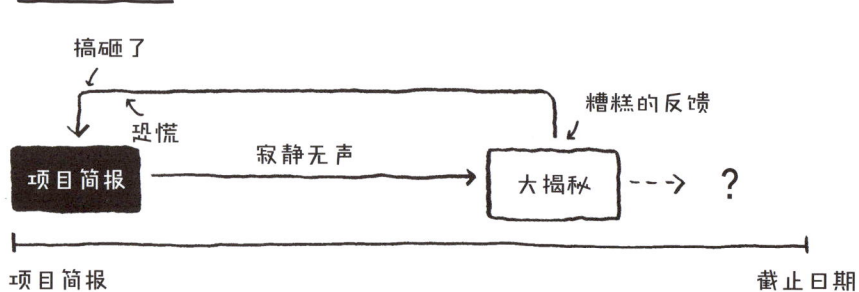

针对非混蛋的展示基础教学

即便是在最理想的流程中——决策者一直深入参与项目,你有时候还是需要正式地展示作品。无论是在内部给你所在的团队展示,还是给老板、客户展示,下面是成功展示创意作品的几个基本要素。

尽可能面对面地展示

创意作品应该面对面地展示,或者最不济也应该是通过电话展示。面对面展示的时候,你可以向客户介绍作品的制作流程,给他们讲讲做这个决定背后的一些趣事以及其中的一些深刻观点。这种方式无可替代。把展示通过邮件发给客户,就好比把它扔进了深渊,你也无法有效地向客户介绍,这些都是搞砸的前兆。

展示前设定期望

每次展示开始之前,确保你清楚地告诉了客户他们能看到什么。最糟糕的事情莫过于你放第一张幻灯片的时候,客户就打断你:"嗯哼,你们答应我们做好的那些动画效果呢?"管理好客户对展示的期望,你的每个展示就都会更加顺利。

不要害怕展示的东西少

删掉垃圾的东西。哪怕展示的时间很短。重要的是相信它的价值。如果你不确定,那就删掉。

相信所有你展示的东西

一旦你决定了你的展示板里要放什么东西,就要记住:想让客户买账,你就必须相信那些东西的价值。那只是一张屁屁的图片?没关系。如果那张图片有必要出现在你的展示里,那它就是史上最伟大的屁屁图片,你的客户的确需要它。记得有一次,在一个品牌推广项目上,我们工作室内部出了一些问题,所以拿出来的东西一塌糊涂。我注意到这个问题的时候,离展示时间只有10分钟了。我把幻灯片里所有的东西都删了,只留了一张——情绪板(就这张做得还不错)。我就给客户展示了这一张幻灯片,向他们解释为什么这个方向契合他们的品牌。他们很喜欢。

允许新人展示自己的作品

在大型工作室里,通常都不允许创意总监级别以下的人接触客户。这种工作方式简直太荒谬了。为什么?首先,创意总监通常都不是真正做事的人,所以很可能无法回答任何有关作品细节的问题。其次,如果初级设计师没有展示自己作品的机会,那他们怎么才能提高自己的展示技巧?不要一个人独享聚光灯。尽可能鼓励你们的新人去展示自己的作品,甚至是给客户展示。我在埃登斯皮克曼柏林工作室工作的时候,我们会确保让新人接触客户。我们当时的规则很简单,谁做的,就谁去展示。就这样。

如何创建超棒的项目展示板

创意作品的展示板并没有什么统一的模板。但是无论你准备怎样展示你的作品,下面几个要素都必须包含在内。

展示的目的

你要用一句话说清楚展示的目的。例如,"根据上次反馈,检查第二版的商标设计"。这个不仅对房间里的观众有用,还为之后的其他利益相关者提供了上下文的情境。

今天你要展示些什么

说清楚你今天会分享什么信息,设定好大家的期望,这样就不会有失望。通常就是一个列表:

→ 目标概述
→ 商标设计草图更新
→ 打印样品
→ 电子版样品

目标

要经常概述项目的目标以及这个创意方案可以解决什么问题。后面你在展示创意方案的时候,可以不断提及这些目标,说清楚这个作品是如何实现了这些目标的。

大创意

这个创意作品背后的中心思想是什么?如果是一个广告创意,这个中心思想可能就是类似耐克广告的"如果你有身体，那你就是运动员"。如果是个设计项目或者数字项目，可能就是三条指导性的设计或交互原则。

作品（"创意""设计""线框图"等等）

关键时刻来了——该展示真正的作品了。每一个概念都应该有清晰的标签和一段简短的描述。可能的话，每一个概念还应该有在真正环境中的应用实例，好显示概念如何走入现实。如果是一个品牌推广的项目，可能就是品牌商标在各种环境中的草图；如果是个数字化产品，必须要有一个基础的原型（即使只是一个点击的原型都可以）。

我们的建议

在每个创意展示中，都应该清晰地表明自己建议客户选哪个概念。毕竟，他们是为我们的专业知识付过钱的。如果是团队展示，那团队内部应该提前就选择哪个方案统一意见。毕竟，如果连你们都无法统一意见，又怎么能期望客户统一意见呢？

总结

最后应该把所有的概念放在一起，作为客户讨论方案时候的视觉辅助。不要到最后讨论的时候还往回翻137张幻灯片去找之前的方案。

问题

总结结束之后，确保有一张写有问题的幻灯片，让观众给出反馈。不出意料的话，他们也会提出问题。

下一步行动

每次展示的最后都应该以下一步行动作为结尾。下一步行动应该写清楚负责人以及截止日期。展示结束之前，房间中的每个人都要对这些行动达成共识。

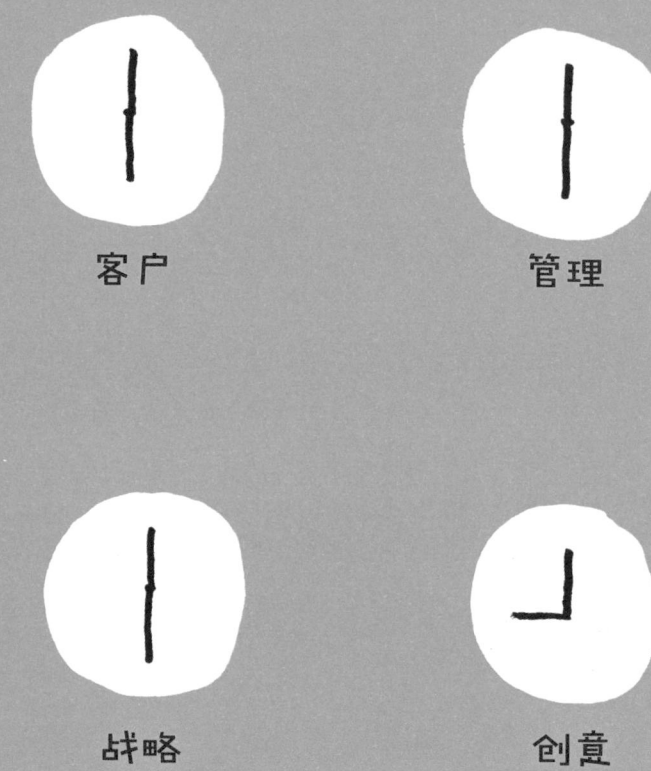

加班

我住柏林的时候，我的公寓位于一个叫普伦茨劳尔贝格的小镇比较繁华的地段。跟柏林其他地方一样，我住的公寓下面是一些办公空间，其中有一家图像设计工作室。无论哪个周末，每当我路过工作室落地窗的时候，都能看到一群目光呆滞的创意工作者坐在一排亮着光的 iMac 屏幕前。不管那天是什么日子，工作室的人都会一直忙到第二天凌晨。这些人跟很多人一样，向我们展示了创意行业一个病态的信条：如果想做出伟大的作品，就必须长时间加班。

在德国乃至大部分北欧国家的人应该庆幸自己能在这些地方工作，因为在这些地方长时间加班的情况很少见。我楼下那几个不幸的家伙可能只是例外。事实上，德国以及斯堪的纳维亚半岛上像瑞典和挪威这样的国家，工作时间是世界上最短的，但却做出了世界上最高质量的创意作品。这一点让他们倍感自豪。这些国家对待长时间加班的态度是："你没能在8小时内完成自己的工作？那肯定是你自己的能力问题。"长时间加班不受人待见。

不幸的是，其他国家创意行业中的文化却截然相反。长时间加班不仅在意料之中，而且被大家广为传颂，甚至被当成一种荣誉。为了赶在截止日期前完成项目，连续4个周末加班，或者为了项目展示错过了自己孩子的生日，这竟然还成了你向同事吹嘘的"英勇事迹"。而且，最糟糕的是，大多数情况下都是初级或者中级的创意工作者在加班，他们或是为了证明自己，或是为了让自己出众，或者仅仅是为了做出伟大的作品。但真相是，长时间加班并不一定能做出更好的作品；也并不会让你成为更好的创意工作者，甚至不会让你成为更好的人类。长时间加班只能说明你管理时间的能力糟透了。

可持续工作才是更好的工作方式

当你工作的地方形成了连续长时间加班的文化，不只你不会受益，你的客户也不会受益，甚至连你的作品也不会受益。原因有以下几个：

→ 第一点，也是最重要的一点，作品质量会受到影响。没有人在亮着的屏幕前坐了12小时后，还能以自己最佳的水平工作。劳动局的一项研究显示，每个人每天高效率工作的时间不会超过3小时。

→ 长时间加班会让离职率居高不下。如果你像对待养鸡场里的母鸡一样对待自己的员工，最优秀的人就会离开（当然他们确实也该走）。

→ 不停地工作意味着创意工作者没有"玩"的时间。每个创意工作者都需要反思的时间，做一些小项目保持自己的头脑清晰，活跃思维，激发自己的灵感。不断地、长时间加班剥夺了他们清晰的思维空间，而清晰的思维空间是大多数伟大创意的源泉。

→ 一个长期的数字项目需要一个稳定的团队连续工作几个月甚至几年，如果你习惯于让员工长时间加班，这就意味着你根本没办法做这样的项目。我在柏林工作的时候，我们给红牛做的一个大型数字平台的项目，花了差不多4年的时间。如果你期望你的员工每天以110%的工作强度工作那么长的时间，那意味着你根本做不来这个项目。广告工作室的人要格外注意这一条。

→ 创意工作者超时的工作一般都不是由客户支付的，所以从这方面讲，设计作品的价值被大大削减了。

我加班过度了吗?

1. 如果你工作超过8小时,在那天的下面画一个 ×。
2. 如果周末加班工作了,在那天下面画两个 ×。

月份						
一	二	三	四	五	六	日

结果:

0~5个:正常。

5~10个:加班过度。

10个以上:赶紧离开那个鬼地方。

如何创造出一种可持续的工作环境

我听到了——你又在说"不长时间加班"理论上是可行的那一套了。在现实生活中，我们要处理好客户、截止日期、竞争对手，以及最重要的，还要努力做出优秀的作品，要真正实现"不长时间加班"是完全另一回事。相信我，这的确是可以实现的。在北欧，有成千上万的创意工作者都是下午6点之前就离开工作室、设计室或者办公楼了。只要对你的工作流程做一些基本的优化，在不牺牲作品质量的前提下，任何人都能创造出一种可持续的工作环境，还能继续让客户高兴。首先你要做到几点最基本的事情。

定义项目范围的时候要确保所有核心团队成员参加

长时间加班是因为工作任务太多，而时间太少。大多数情况下，出现这种情况是因为项目范围定义得很糟糕。所以在项目开始的时候，一定要花些时间定义好项目的范围，而且最重要的是要让所有核心团队成员参与到定义项目范围的活动中，而不仅仅只是客户经理和创意总监。把项目所有方面的代表从程序员到文案人员都包括进来，意味着项目的时间表和工作是基于实际情况制定的，而不是客户总监为了取悦客户随口一说而已（关于这一点的更多细节参见"项目范围规划"一章）。

事情出了问题的时候要对客户坦诚相告

无论是对客户还是对自己的老板，一定要坦诚。如果出了什么差错影响到了项目的时间，不要把事情藏到床垫底下，妄想万事大吉。"妄想万事大吉"的后果通常是项目收尾的时候连续好几周都得熬夜加班。也不要一拍脑袋塞一大堆的工作给设计师（这肯定会影响到作品的质量），要立刻和客户讨论发生的问题。很多时候大家都可以达成一个折中的解决方案，同样可以实现项目目标。这种情况在数字项目中很常见，由于技术比较复杂，某些特性，比如一个视频播放器，设计花的时间可能比预估的要长。不要把所有事情都塞到有限的时间里面，而是要和客户商量是不是可以简化一下，好让项目可以按时交付。比如说上面那个视频播放器的例子，也许第一版的时候他们并不需要"保存到播放列表"这个功能。及时和客户讨论这些问题，可以让大家了解项目现状，避免恼人的"惊喜"，也避免长时间加班赶工。

> **在不牺牲作品质量的前提下，任何人都能创造出一种可持续的工作环境。**

创意项目总是会占用所有的可用时间

情境 A：

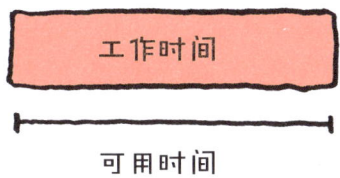

情境 B：

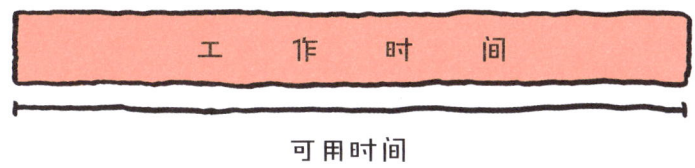

不要害怕说不

创意工作者（包括我在内）都喜欢打磨自己的作品（以及逼自己）到极致，所以如果有任何需求，他们很少会说不。如果有一个资深的领导或者业务部门的人在，他们会回绝一些客户提出的需求，这样好还一些。不幸的是，除北欧国家之外的其他地方，业务部门总监往往会和客户站在一起，而且"不"这个词似乎从他们的词典里消失了。这种只会销售的人不适合管理创意项目，应该把他换掉。

> 这种只会销售的人不适合管理创意项目，应该把他换掉。

所有任务都要有截止时间，特别是对新人来说

创意工作者，特别是那些新人，只要有时间就会去工作。他们急于做出作品证明自己。因此，你要帮助他们管理好他们的时间：给他们的任务都要有明确的

目标以及展示作品的截止日期。如果你是个领导的话，确保这些新人在你下班回家之前离开公司。

流程，流程，流程

对创意工作者来说，"流程"这个词可能听起来太土了，但事实上，在创意行业中启用流程是创建一个可持续工作环境的关键。从一些简单的流程优化，比如用基础的会议礼仪提升会议的效率，或者制定处理难缠客户需求的标准化流程。若大家都了解这样的一些流程，就可以节省一些时间，这样大家就更可能按时回家。

用敏捷方法论实现可持续工作

在埃登斯皮克曼，我们实现可持续工作采取的方法是在几乎所有的项目上采用敏捷工作方法论。"敏捷"是一种用来制作数字化产品的迭代方法，它不是在项目的最后一下子提供一个完整的产品，而是用时间盒（timebox）[①]的方式循序渐进地制作产品。这种方法论是20世纪80年代由软件开发行业发明的，但现在已经在除软件公司和科技公司之外的很多地方得到广泛运用。许多先进的设计工作室和团队都用这种方法为他们的项目创建出了可持续的工作流程。在埃登斯皮克曼，我们用敏捷系统，确保我们所有项目按可持续工作的方式运行。这些项目不仅包括设计制作数字化产品，也包括品牌设计及活动策划。

敏捷项目启动时会把项目分解成一个个叫作用户故事的小功能，并对这些小功能排序，然后不断在两周的时间里完成这些功能。这两周的时间也被称为"冲刺"。在每个"冲刺"结束后，"产品负责人"会检查每一部分的工作，决定发布或者修改。

敏捷团队永远以一个团队的形式工作。不会按职能把团队分解成一个个小组，而且敏捷团队的组织架构也是扁平的。敏捷方法论是为长期、可持续的工作设计的，非常适合4周或4周以上的创意项目或者科技项目。不过，再小一些的项目就不太适合采用敏捷的工作方法，因为敏捷方法论中一层层的流程和规则只有在比较长的一段时间里才能提高效率和收益。

---

① 时间盒是敏捷方法论中的一个概念，指项目中的某些活动必须在规定的时间段内完成。——译者注

敏捷项目流程

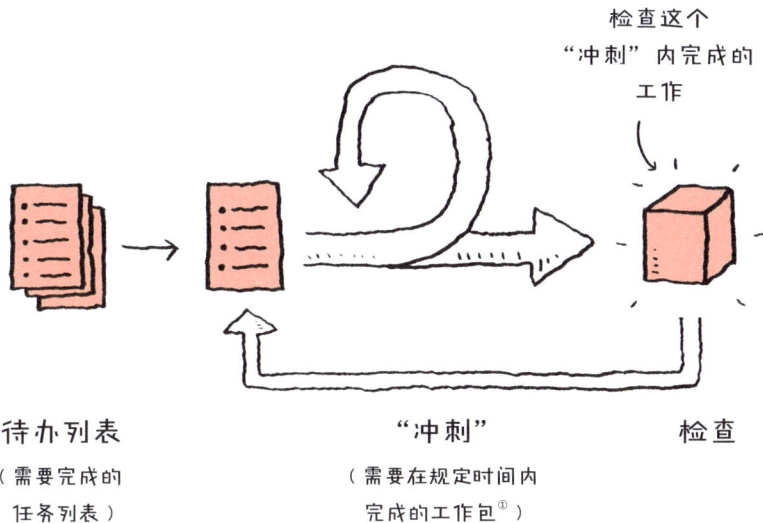

待办列表
(需要完成的任务列表)

"冲刺"
(需要在规定时间内完成的工作包①)

检查

敏捷项目中的角色

产品负责人

决策者和项目愿景的守护者。如果项目涉及客户和工作室两方的话,一般会有两个产品负责人:一个是客户方的,一个是工作室方的。

团队

真正做事的人。最重要的是,这些人肩负着各项职能——包括设计师、开发者、文案人员,以及根据项目需求参与进来的相关角色。他们在一个团队工作。团队的组织架构是扁平的,每个人是自主的,可以自己做决定。通常情况下(最好的情况是),团队是由工作室和客户两方各抽出几个人组成一个团队。

敏捷专家

敏捷专家不属于项目团队,不影响团队的决策,他只是引导流程,帮助解决阻挡团队正常工作的问题。如果涉及客户和工作室两方问题的话,敏捷专家通常

---

① 敏捷项目管理中的概念,指完成一项活动的所有任务。——译者注

只负责客户关系的管理。

如果工作室采用了敏捷的工作流程，客户方在项目一开始就以产品负责人的角色加入了团队。他们会参与定义各个时间盒的冲刺。每个冲刺开始的时候，他们会和设计团队以及技术团队一起定义出这个冲刺需要完成的功能列表（也就是"用户故事[①]"）。然后团队会根据这个列表，估算出完成各个任务需要的精力和时间。敏捷专家（流程引导者）会告知团队和产品负责人这个冲刺包括多少工作日（基于预算和相关工作人员的时间安排）。然后基于这个数字，团队会承诺完成多少工作量。比如，如果这个冲刺有20个工作日，预计完成这些任务需要的时间是30天，那么产品负责人就必须在团队开工之前移除一些任务。其实就是一些简单的数学加减法。

敏捷流程要想成功，信息透明和相互信任至关重要。每个冲刺计划过程中，团队和产品负责人之间的承诺几乎是神圣不可改变的：产品负责人不能往冲刺里加入额外的工作，团队也必须完成他们所承诺的任务。说服客户在他们的项目上采用敏捷流程总要经历一些磨难，但是如果他们最终决定采用了，他们（以及你的团队）将来会感谢你的。

[①] 敏捷开发中用到的一个工具，从用户的角度描述用户渴望得到的产品功能。——译者注

测试

团队加班，你应该奖励他们什么？

A 冰镇啤酒

B 超酷的办公用品

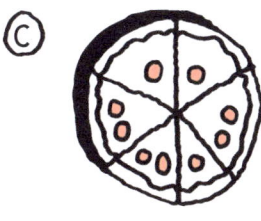

C 免费比萨

D 一块漂亮的蛋糕

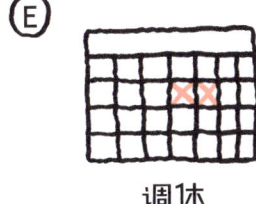

E 调休

F 衷心的感谢

答案：E

当我需要我的团队加班的时候怎么办？

当然，有时候要紧急完成一个重要的提案，或是说一个大型项目完工前几周需要加班，这些都无法避免。坦白讲，偶尔加班无可厚非。但如果你是个创意行业的领导，尊重别人的个人时间仍然至关重要。如果你需要你的团队加班，请一定做到以下几点。

提前通知，征求团队的意见

如果你有什么事必须要加班的话，请征求团队成员的意见。记住要提前征求他们的意见。加班从来都不应该是强制的——加班应该是可选的。"同志们，抱歉问一下，今天晚上你们介意加几个小时班吗？"这一句简单的话可以达到的效果会让你大吃一惊。

报销餐费和交通费

我们办公室有一条政策是，如果你加班到晚上 7 点以后，那你的晚餐可以报销。如果加班到晚上 8 点以后，公司会负担你的交通费。这是要求你的团队加班的最低要求。但是，不要把这些费用的报销当成对加班的补偿，这只是你因为占用了别人的个人时间所表达的最低程度的歉意。

强制调休

给团队买比萨饼、啤酒，报销打车回家的车费，这些都很好，如果有人加班，你还要给他们调休。不是什么含糊其词的"将来不那么忙的时候"，而是有一个具体的时间——比如，明天或者这周多休息几天。

你自己也得加班

你是个艺术总监？甚至是个创意领主？想想那些科技公司以及它们扁平化的组织结构。我共事过的最好的创意总监总是深受大家尊敬，因为他什么事都亲力亲为。需要你的团队加班准备项目展示或者赶在截止日期前完成作品？你也得留下来和他们一起做些什么。

记住：这只是份工作而已

虽然在创意行业做事很有趣、回报也不错，但这只是份工作，它不值得你为之牺牲自己的家庭、朋友或者身体健康。每次你因为加班到深夜而无法参加家庭聚会或者孩子生日的时候，问问自己"值得吗"？如果你一个月里要问自己好几次这个问题，答案很可能是"不值得"。

我永远不会忘记那位已故的、盛世长城和天联广告公司的广告人林兹·瑞丁（Linds Redding）的那篇文章。在他那篇3000字的深刻文章中，这位已被诊断为食道癌的创意总监回顾他在广告行业的职业生涯，他谈到了无数的加班、错过的生日和周年纪念日。最后的一段话发人深省："值得吗？当然不值得。那只是广告。没有什么崇高的意义。没有什么最高的奖赏。"记住这些话。每当你在思考要不要为了赶在截止日期前完成任务而加班，错过自己孩子生日的时候，想想这些话。

> 问问自己"值得吗"？如果你一个月里要问自己好几次这个问题，答案很可能是"不值得"。

客 户

回想一下我在这本书最开始提到的那张海报:"别为混蛋卖命。别和混蛋共事。"虽然我们原则上在这一条上达成了一致(如果不一致的话可能你也不会看到这里了),但是创意行业的现实是:它是一个以赚钱为目的的商业运作。那如果给我们一大笔钱的、付我们工作室电费的、保证你我不会失业的那个人是个混蛋,我们该怎么办呢?

在客户身上实行"不当混蛋"的策略显然要比在你和你的团队身上实行更加棘手。除非你们是名声在外、人们趋之若鹜的创意公司,否则你们根本不可能用"要就拿走,不要拉倒"的态度对待那些难搞的客户。这里我想说的是,虽然我们肯定会遇到极品的混蛋客户,但是只要我们正确地管理好他们、理解他们,绝大多数的客户都可以和我们建立起颇有成效的合作。

关于客户的一些真相

创意工作者和客户之间的各种摩擦已经广为人知。甚至连行业外的大众文化也都流传着各种相关的段子。段子提到的慌乱不安的创意工作者和毫无头绪的客户之间的斗争似乎永无止境。连大卫·索恩（David Thorne）[1]也靠着这猫鼠游戏，写了一本又一本的书，赚得盆满钵满。书里面写到的全都是自负的创意工作者和愚蠢的客户之间种种令人捧腹的真真假假的小故事。那些客户想要的越来越多，给的钱却越来越少。

绝大多数的客户都不是混蛋，虽然一些创意工作者可能不同意这一点。其实，大多数客户都是善良、通晓事理的，他们只想做好自己的工作，取悦自己的老板，让他们认可自己的工作成果。他们并不是来破坏"伟大作品"的，也不是来毁掉你的周末、打碎你梦想的。他们只是想保住自己的饭碗，在规定的时间和预算范围内拿到不错的工作成果。归根结底，许多设计师和客户之间的矛盾都源自极端自我的创意工作者，他们忘记了客户也只是在做自己的工作，也要取悦自己的老板。客户找来设计师或者工作室，是把他们自己的脑袋别在了裤腰带上，信任一个第三方能帮他完成工作。无论作品多么创新、获得了多少奖项，如果无法在规定的时间或者预算范围内做好，客户都不值得为了它冒丢饭碗的险。

记住这个定律：设计不是艺术。你不是毕加索，你也不是在自家地下室画画的小布什。你只是在为一家商业公司打工，这家公司有自己的股东、预算、老板，以及截止日期。在和客户沟通的时候，把这条定律刻在自己的脑海里，那你基本上不会错得太离谱。

传统公司的客户管理

在比较传统的公司工作过的人肯定对他们管理客户关系的那种"分层"方法十分了解。他们的组织架构比政府机构都要复杂。我初次在大公司工作的时候，仅仅负责管理客户的职位数就让我目瞪口呆。在大公司里，一个典型的中型项目一般有这么多层的负责人，但其中只有最高的那几层才可以直接和客户沟通：

---

[1] 澳大利亚讽刺作家，2008年因试图用一幅七腿蜘蛛的画支付自己账单的邮件走红网络。——译者注

优先级

客户	创意工作者
1. 不超预算	1. 得奖
2. 按时交付成果	2. 出名
3. 让老板侧目	3. 让同行侧目
4. 契合公司品牌	4. 让老板侧目
5. 让同行侧目	5. 契合客户品牌
6. 得奖	6. 按时交付
7. 出名	7. 不超预算
8. 创意工作人员开心	8. 客户高兴

→ 业务总监*

→ 项目经理

→ 资深策划*

→ 策划

→ 集团创意总监*

→ 创意总监

→ 副创意总监

→ 艺术总监

→ 文案人员

→ 资深开发人员

→ 开发人员

→ 设计师

→ 初级设计师

→ 美工

＊＝可以直接和客户沟通

我的观点很简单，这方法不行，尤其是对数字项目来说。在这个时代，做项目需要设计团队和技术团队紧密合作，让所有的事情都快速运转，特别是有的项目比以往的更加复杂，工期也更长。在复杂的专业问题上通过一层层的中间人沟通合作根本不可能。工作室的专业人员需要和客户那边的专业人员直接对话，而不是说中间还要经过五个人传话。对比一下这种"多层蛋糕"式的管理和科技公司的运作方式，科技公司的管理是扁平化的、自主的、高效的，它们招的人都是可以管理好自己、做好工作的通才。在管理客户关系这件事情上，设计工作室可以向它们学习学习。

维护长久的客户关系的秘诀

我不相信跟客户扯关系那一套。坦白地说，我根本搞不来那一套。我共事过的很多创意总监和客户总监在这方面都是高手，他们可以和客户在饭桌上谈天说地。这些都是销售那一套，我没时间弄这些。维护长久的客户关系，我个人认为成功的方法很简单：他们相信我这个人可以给他们做出好作品，我不让他们失望。他们需要的是诚实、信息透明，以及好作品，而不是交个好朋友。

诚实一些，尽管有些时候这并不讨人喜欢

无论是建立什么样的客户关系，诚实和信息透明都是最重要的因素。如果客户不信任你，那你们的合作根本没有意义。很多时候，创意工作室为了拿到项目，对自己的实力言过其实，空口允诺。像这样为了金钱利益满嘴假话的现象在创意工作室司空见惯。他们可能没告诉你，他们把整个项目都外包给了一个哥伦比亚的第三方公司。他们可能不会告诉一个没经验的客户，说他们的项目仅靠一个自由职业者就可以搞定，不用找工作室。他们可能知道，某个项目对客户的业务有害，但还是为了捞一票接下了项目。现在请诚实一些吧！有时，丢掉一个项目也是为了建立信任，以期在未来实现更大的目标。

把客户当成团队的一分子

把客户和工作室分开对待根本无法奏效。你分得越清，那种"我们"和"他们"的观念就越根深蒂固。另外，虽然传统工作室的人会告诉你做项目时要把客户扔在一边，但其实一起合作的方法要更加有效得多。改变方法，把之前那种"客户和工作室"的心态换成"一个项目团队"的心态，这样你会受益更多。毕竟，虽然工作室成员可能是设计、广告或者科技行业的专家，但客户是最了解他们业务的人。让客户参与到项目的各个流程中，包括共创和头脑风暴的环节，这样你才能运用到他们对业务的洞察力。

关于这个，我有一个最贴切的例子。几年前，我们在荷兰的办公室接了一个项目。做这个项目的主要目的是提升荷兰列车站台服务的速度和安全性。我们的想法是做一个跟站台一样长的高端数字显示屏，它在列车进站前就可以显示哪节车厢比较空（这样人们在列车进站之前就可以在对应的站台位置排队）。但有一个大问题是，我们怎么知道哪节车厢坐满了呢？需要安装一些昂贵的高端技术设备吗？在一次客户、利益相关者和工作室一起的共创会议上，大家在"如何知道哪节车厢坐满了"这个问题上绞尽脑汁。如果这个问题解决不了，这个创意注定失败。这时，铁路团队的一个人说，现在列车上已经安装了红外线的传感器，我们可以利用这个传感器。这个来自客户团队的意想不到的反馈一下子就决定了我们整个项目的方向。

> 无论是建立什么样的客户关系，诚实和信息透明都是最重要的因素。

定期分享工作进度

根据传统，工作室对客户来说更像是一个服务提供商。工作室或者创意团队收到项目简报后就消失了，等到截止日期时才会再次出现。再次出现的时候他们手里拿着一份作品，也就是说，在展示那天，客户是第一次见到作品。不要采用

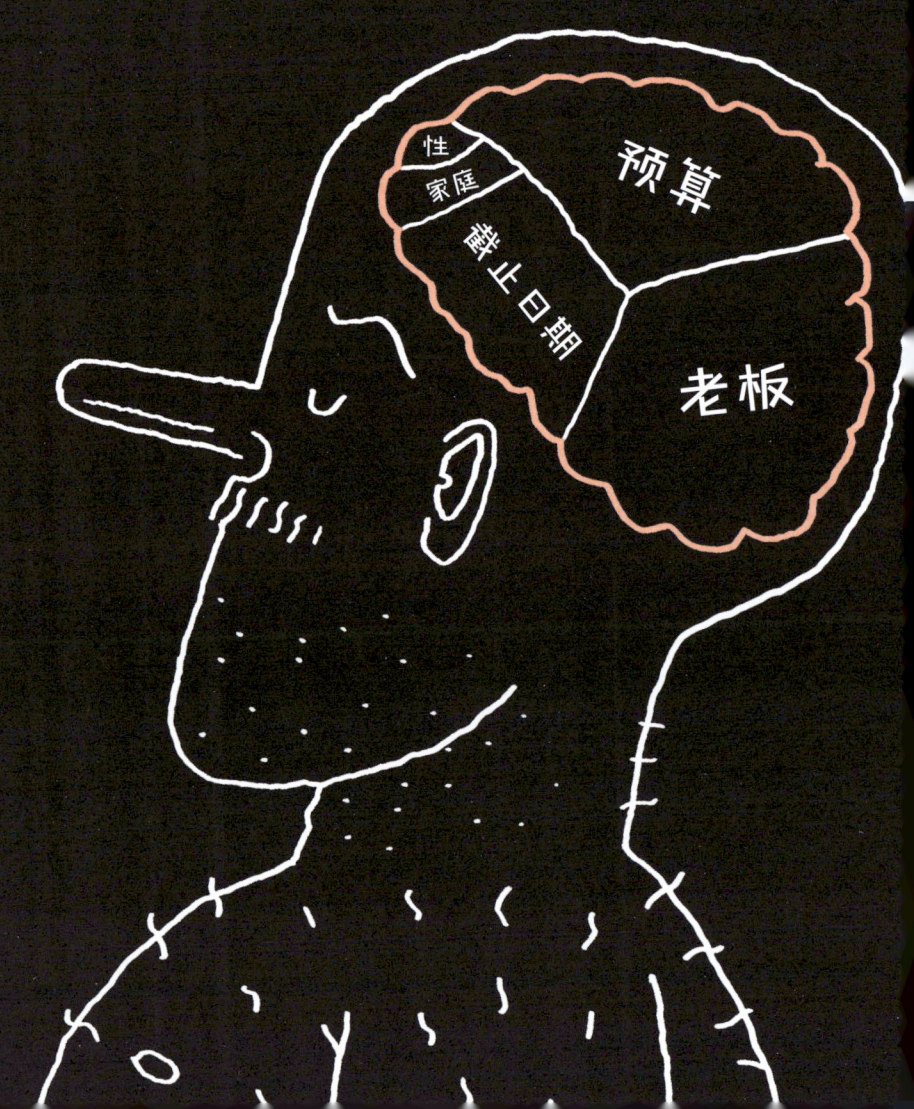

这种"大揭秘"式的方法,而是要让客户参与到项目流程中,定期检查和更新项目进度,建立信任。

不要粉饰太平

一旦项目启动,过程中无疑会有坏消息(每个项目都至少有一个)要告诉客户。遏制住掩饰错误的冲动,不要让坏消息恶化。立刻和客户就出现的问题进行沟通,并冷静地提出你建议的解决方案。开诚布公永远是最好的。

和公司内部团队密切合作

考虑到公司内部设计团队的成长(以及他们能力的提升),和这些团队的合作十分关键。别那么小气。在很多情况下,这些团队的才华和技巧都要胜过工作室的人。根据我在埃登斯皮克曼的工作经验,当我们团队和客户的设计团队在没有分歧或者分歧很少的时候,我们合作的成果最丰厚(作品也最优秀)。我们会一起在一个地方工作,一起头脑风暴,一起分配工作任务。

难搞的客户

即便我们怀着最大的善意,有时候还是会遇到一些很难合作的客户。可能是他们缺少经验,可能是他们的老板很难搞,也可能是他们的工作不是很稳定,或者其他种种原因。不过,多数情况下,即便客户超级难搞,我们还是可以跟他们好好合作,做出优秀作品的。

根据我的经验,一般难搞的客户可以分为几类。

新手

这些客户可能是第一次委托工作室做事,也可能是自己刚刚接手工作。无论他们心里怀有多少善意,没经验的新手客户对工作室来说都是个特别的挑战。对新手客户来说,他们通常更需要工作室方面一个驾轻就熟的人的帮助,而不是一个轻车熟路经验老到的客户的指导。这些新手由于在自己的公司缺乏经验,通常都是"点头男"或"点头女"[①]——心怀善意却总是不够自信,听到上层的反馈他们总是不敢说不。和他们合作很难做出出类拔萃的作品,因为他们很少愿意冒险。他们需要一个充满耐心的人,不断给予他们强有力的支持。作为工作室一方,和这一类客户合作时,不仅仅要考虑完成项目,还要考虑到给他们提供引导,让他

---

① Yes Man 或 Yes Woman,指遇事只会点头说"是"的人。——译者注

们积极成长起来。

精益求精的客户

这一类型的客户通常有点神经质，他们会不断跟你确认信息，了解项目的情况。多数情况是因为他们缺乏安全感，想事无巨细地管理整个项目。对于这一类客户，我的建议是在项目的每一个阶段保证信息完全透明，让他们感到一切尽在掌控之中。类似 Trello 或者 Jira 这些看板类的工作流程组织软件可以达到这种效果，客户可以看到每一周所有单个任务的完成情况。不过，和这一类客户合作最关键的一点是，你一定要保护好自己的团队，不要让他们接收到这类客户的反馈。如果做不到这一点，那整个项目就完蛋了。

想成为创意工作者的客户

这一类客户有时候让人有些上头，但他们本身并不会带来多少麻烦。这些客户可能之前在工作室工作过，甚至可能是客户公司内部的设计师，作为设计方面的专家成了项目决策委员会的一员。这些人通常对这些外部"酷酷的工作室"心存嫉妒，如果不能管好他们，他们会想方设法破坏你的创意。对于这一类型的客户，我的建议是，尽可能地让他们参与到项目中，让他们感觉到自己被重视。邀请他们来到你们的办公室一起工作。让他们参与你们的头脑风暴。和想成为创意工作者的客户打交道，真正的技巧在于你要让他们觉得，你们这个创意是他们想到的。这样一来，他们就成了你强有力的盟友，会在公司内部说服别人接受你们的创意。

混蛋客户

真正的混蛋客户很少见。不过混蛋客户这么"混蛋"都是有原因的。可能他们之前吃过工作室的亏，也可能他们公司的文化很差劲。最好的解决方法是尽量找到背后的问题或者政治因素，尽力让他们好过一些。这意味着你可能要在给他们老板的展示中提到他们的功劳，或者给他们一个有用的小点子，帮助他们更好地做好自己的工作。尽量让他们显得优秀，做到这一点你就不会跑太偏。

如果客户是个十足的混蛋，比如说他们辱骂或者贬损工作室的员工，那我们只有一个解决方法：让他有多远滚多远。

客户从创意公司
获得最佳服务的10条小贴士

1. 良好的项目简报。

2. 提前清晰告知项目的预算和时间节点。

3. 不要微观管理。（不要什么都管）

4. 如果创意团队不断提出新的点子（即使你不用），也请鼓励他们。

5. 给反馈要清晰且具有建设性。

6. 聆听——记住，你雇这些专业人员来做的事情是你自己做不了的。

7. 条理分明——如果你自己本身就是一团乱麻，那创意团队其实也做不了太多。

8. 腾出时间。

9. 要感兴趣且参与项目。

10. 分享你的伙伴在业务方面的发现——而不是对logo的颜色指手画脚。

雇主和雇员

是的,没什么意外,伟大的作品是优秀的人做出来的。依此类推,如果你找来的是差一点儿的人,那你能做出来的作品也会差那么一点儿。显而易见,对吧?吸引优秀的人才并不容易。把他们留下来更是难上加难。尽管如此,我们还是屡屡看到工作室在招募优秀人才的时候犯下种种错误。

我们来设想这样一种情况,你在创意行业做生意,名声很好。你们的作品很优秀,薪水也不低,员工工作与生活之间平衡得很好。你们公司出人意料地完全没有各种自负自大的现象。然而,不幸的是,即便是创意行业最优秀的公司,也会在最基本的招聘礼节上马失前蹄。创意行业的公司,特别是小型工作室,在招聘环节上臭名昭著。它们会忘记一些看上去无比简单的步骤,比如不回复一些暂时看上去没什么价值的求职申请,而这会让本来其他方面都出类拔萃的公司的名声频频蒙尘。如果你有一种特殊的技能,它们恰好需要,那它们人力资源的人就会直入主题,跳过所有步骤来联系你;但如果你是一个没什么经验的新人,或者是个实习生,或者暂时还不符合它们的招聘要求,那你的申请收到回复的可能性就十分渺茫了。记住,观察一个人对待他人的方式,要看的是他在不求于人的时候是如何对待别人的。亲爱的读者,这本书并不是一份详尽的指南,帮助你找到优秀的创意人才,或者帮你找到一份很棒的工作。关于这些主题的东西,互联网上应有尽有。不过谈到吸引、招募、留住人才,你需要知道一些关键点。

基本的工作申请礼节

一个工作室可以做出伟大的作品、员工薪水也不低、工作生活平衡得也很好、公司文化也不那么自我，很棒了对吧？但是，如果这个公司无法很好地处理热情的年轻创意人或实习生的求职申请的话，其他的一切屁都不是。简简单单回复一下邮件的事情，如果不做，那即便是最心怀善意的工作室都可能马失前蹄。而他们通常找的借口是："我们忙疯了。我们在干活儿。客户第一！"朋友，创意工作者的圈子不大，迟早有一天你要为自己的所作所为付出代价。

我们都经历过这种事。你面试了，一切顺利，面试官跟你说他们几天之后会通知你。你心情不错回到家。一周过去了，没有回复。你发了一封邮件询问，没有回复。又一周过去了，风滚草滚过①。电话响了，不是那家公司。想问，回复一下有多难呢？这里我要给刚刚毕业的年轻设计师们透露一个真相，你们申请工作的时候吧，不要奢望会立刻收到回复，甚至压根就别奢望他们回复你。别问东问西，那会打扰到人家，别当烦人鬼。但是不管怎么说，你还是渴望得到一个最终的答复。你花了时间给创意总监、设计总监或者人事部门写了申请，你理应得到一个答复。当然，这可能需要一些时间，毕竟工作室的人很忙，但是他们的确欠你一个答复。

跟其他创意工作者一样，这种事情我也亲身经历过。大学毕业之后，我开始四处寻找一份实习的工作。我调研了爱尔兰所有的设计公司，最后列出了其中20几个跟我的技术能力相符的。我在电脑上做了一个表格，详细列出了每个公司的历史、地址、员工、客户、项目以及他们获得的奖项、他们的星座、最喜欢的内裤颜色等等，事无巨细，悉数列出。我敢说那个面面俱到的列表会让最殷勤的客户经理扬扬得意。表列好之后，我就给表格上的每一个工作室各写了一封信，再附上一份我精心挑选的、各不相同的作品集。做完这一切已经花了我整整4周的时间，然后我就把信和作品集寄给了各个不同的工作室。

---

① 美国文化中表示荒凉萧索的意象。——译者注

为了不搞砸你的下一场面试，你该做些什么？

几周的时间过去了,我没有收到任何回信,然后我就写了一封信,提醒了对方一下。还是没有回音。两个月过去了,依然是没有任何回音。我想,如果被人拒绝的话,我希望是被这个行业最优秀的人拒绝,而不是被这些爱尔兰的小工作室拒之门外。我决定离开爱尔兰,再也不回来了。那天我在心中对自己承诺,如果我开了自己的工作室,我一定会规定一点:无论花费多少时间,都必须要回复所有的信件。我今天可以自豪地说我做到了(但我得承认,其中一些确实是很长时间之后才回复的)。

我给欧洲最著名的工作室埃登斯皮克曼柏林写了申请信,两天后,我收到了他们的回复,他们让我来参加面试。几年之后,之前曾经无视过我的一个工作室发来一封邮件,里面满是溢美之词,邀请我加入他们的公司。看着他们的邮件,我忍不住想笑。那时候,我已经是埃登斯皮克曼柏林的创意总监了。那个工作室想找一个数字媒体的主管,来拯救他们逐年亏损的平面设计业务。当然,他们肯定不知道自己多年前曾经忽视过我一封又一封的邮件;而我当时还主动要求免费给他们泡茶,只为获得一点点工作经验。当时的邮件往来是这样的(如右页图),当然,为了增加戏剧效果,我修改了其中的一些措辞。

> 如果被人拒绝的话,我希望是被这个行业最优秀的人拒绝。

记住,无论你多么成功,多么繁忙,多么名扬四海,你都应该回复别人的求职申请或者面试申请。没必要当个混蛋——而且,要知道,风水轮流转,不要等到有求于人的时候再追悔莫及。

谈薪水

创意工作者通常都不怎么会谈判。有趣的项目、有机会和优秀的人在一个很酷的环境中工作才是吸引我们的点。最优秀的那些人绝对不会仅仅因为钱接受一份工作。对于想在行业里站住脚、做出自己作品的青年才俊来说,更是如此。因此,一些不体面的工作室会利用年轻人的这个弱点,尤其是在谈薪水的阶段。一些工作室在招聘的时候会打着一些幌子,向求职者虚报低价,这种情况屡见不鲜。这些幌子包括"极佳、丰富自己作品集的机会""令人兴奋的品牌",还有高高在上的那种——"有机会和业内大牛共事"。扯淡!如果你可以胜任一份工作,无论你的经验有多少,你都是一个专业人员,你的薪水也应该是专业人员的薪水。

保罗您好：

您在埃登斯皮克曼一切都好吧。我们最近有一个数字主管的职位空缺，希望能和您聊聊。我们觉得您特别适合我们公司——"混蛋就是我们"公司。

当然，我们之前无视了您的邮件，然后您就去了柏林那家著名的工作室，这些事您别放在心上。我们现在觉得您很厉害，值得我们发送这封恬不知耻、溜须拍马的邮件。您不要把以前的事情放在心上，您知道——我们那时候在和客户谈生意，等等。现在一切都好了，兄弟。

如果您感兴趣的话，请联系我。

祝好

帕特里克·皮克沃斯

亲爱的皮克沃斯先生：

感谢你的邮件。我在埃登斯皮克曼确实过得不错，所以我近期也没有想换工作的打算。

希望你们公司继续失败，希望你感染无法治愈的麻风病，希望你们在海岸边的办公室沉入海底。

真心祝福

保罗

面试时要留意以下几点

- [ ] 有加班的迹象。
- [ ] 员工在自己的工位上吃午饭。
- [ ] 办公室有很多休息用品,这表明公司鼓励员工加班。
- [ ] 面试官不够多元化。
- [ ] 领导层看起来不够多元化。
- [ ] 创意工作团队和老板分开坐。
- [ ] 听到类似"我们这里只谈工作"的话。
- [ ] 创意总监把自己的头像印在杯子或者T恤上。

超过两个?远离这个公司。

好的 Offer 和不好的 Offer

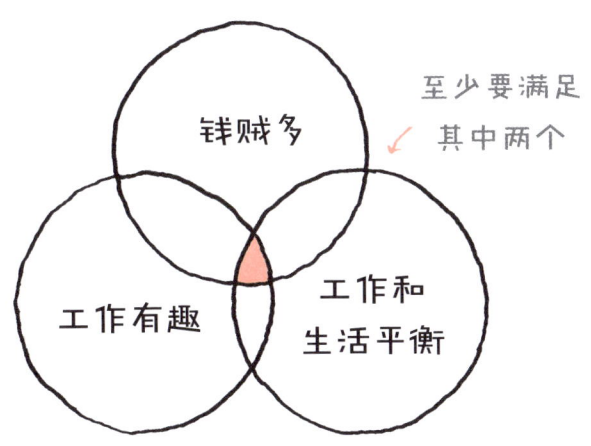

在谈薪水这个环节上,也不是只有新人会被占便宜。公司赞助工作签证的外籍员工也特别容易遇到这种不道德的行为。当一个外派员工需要公司赞助工作签证的时候,雇主可以很轻易地占雇员的便宜。两方面的原因:首先,他们总是露出一副"要么接受要么走"的态度,一副"只有接受我们的条件我们才会给你提供工作签证"的样子。其次,他们还可以利用雇员对当地薪资水平的无知。起薪5万美元对一些来自某些地方的创意总监来说可能已经是一大笔钱了,但实际上他们本应拿到10万美元以上的起薪。这两种行为都让人作呕。亲爱的读者,遇到这么做的雇主,我鼓励你们当场戳穿他们的无耻。

我第一次来美国的时候,很幸运地来到HUGE工作。他们的人力资源部门对待外籍员工十分公正,薪水给得也公平。不幸的是,并不是所有的创意工作室都是这样的。廉价劳动力并不只存在于建筑行业。我听说好多在美国创意工作室工作的外籍员工,拿的薪水都要比美国员工低很多。

重点：如果你是招人的，不要欺负那些处在不利位置的人。给他们一份公正的起薪。Mule Design 传奇联合创始人和创意总监麦克·蒙特洛（Mike Monteiro）有一句臭名昭著的话："该死的，付我钱。"记住我的话，占员工便宜的臭名声传得飞快。它会像野火一样传遍整个行业，而且一旦坏名声传出去，你就很难洗白了。

付钱给你的实习生

你当然应该付钱给你的实习生。这没什么可说的。他们不是免费的劳动力。他们不是专门来给你泡茶的。虽然实习生做的是一些粗活，比如搬运、运营艺术供应商店等等，但这并不是说我们就不用付钱给他们。虽然他们缺乏经验，但他们的好奇心、天真美好的眼神、新鲜的活力，这些是无论哪个经验老到的专业人员都无法带来的。所有优秀的工作室都有实习生或者培训生的项目，因为新鲜的血液可以改善工作室的环境和氛围。通常，实习生对最新的潮流和技巧都比老员工更在行一些。如果你没钱付给实习生的话，那就别招他们了吧。

> 虽然他们缺乏经验，但他们可以带来好奇心、天真美好的眼神，以及新鲜的活力。

对待实习生的礼节

应该做的

给到实习生的任务要让他们能从中学习到东西

要有导师指导他们

付他们工资

不应该做的

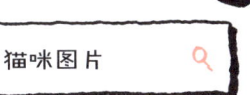

让实习生整天做些不动脑子的任务

强迫他们长时间加班

期望他们给你泡茶

离职与开除

创意行业的圈子很小。无论你当初和他如何分道扬镳,到头来你们终究还是会见面的。这个行业有它独特的手段把那些你本想忘记的人再次带到你的面前,而且第二次见面的时候他们已经今非昔比,有了超能力。就像超级马里奥兄弟里的库巴大王一样——每一次你都以为它已经死了,但是转头又再次遇见它,而且这次它还会丢火球了。今天你开除的人很可能明天就变成你的老板或者客户。

为了让你更好地理解这个行业的机缘巧合有多么神奇,我来给你举个例子。2016年,我被任命为埃登斯皮克曼的首席创意官(CCO)。我之前在柏林的埃登斯皮克曼工作过,离开是因为我找到了纽约的一份新工作。如果当时我像个混蛋一样离开埃登斯皮克曼柏林工作室,他们现在肯定不会找我回去当他们的CCO的。而且,我在美国第一份工作的推荐信,是由之前我在柏林实习的第一家设计工作室的老板写的。如果我当时像个混蛋一样离开那家工作室,我肯定拿不到那封作用巨大的推荐信,更不用说我的工作签证了。

"世界很小",这句话不仅仅适用于设计工作室。现在越来越多的创意工作者进入了公司内部的创意团队,工作室和公司内部创意团队之间的人员流动比以往任何时候都要频繁。我之前在纽约共事过的一个同事现在是一家大型客机公司的创意总监。我之前在埃登斯皮克曼柏林的实习生现在成了我们洛杉矶办公室的大客户。他找我们工作室做产品主要也是因为他之前在这儿实习的美好经历。把每一段职业关系想成一种永远不会真正结束、而是时不时以另一种形式出现的东西,除非你们其中一个退休或者挂了。换句话说就是,种瓜得瓜,种豆得豆。

分道扬镳并不简单

无论是你自己离职还是开除别人,通常都很艰难。你的团队可能会产生一种背叛的感觉,再加上创意行业人员不稳定的性格(通常越优秀的创意工作者越不

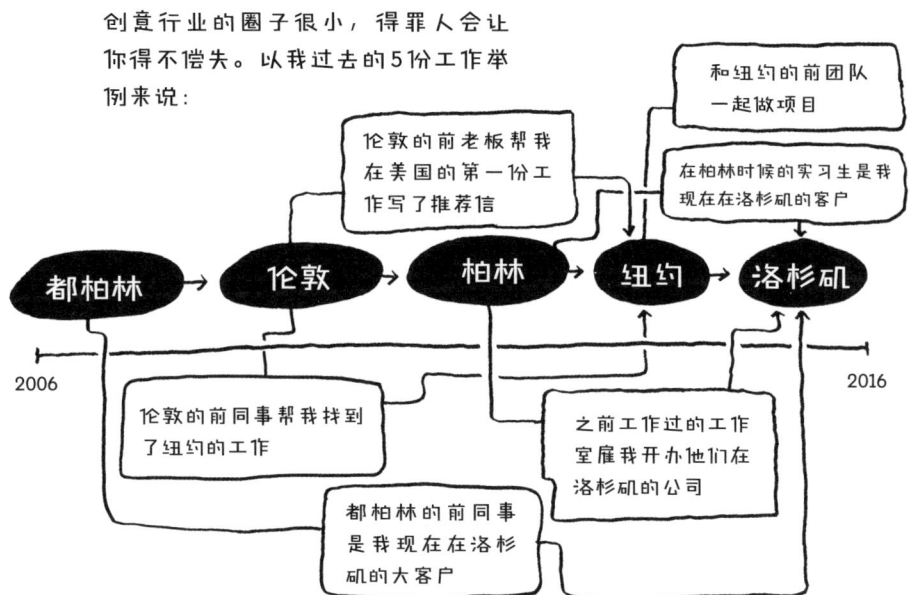

世界很小……

创意行业的圈子很小,得罪人会让你得不偿失。以我过去的5份工作举例来说:

稳定），肯定会有一些失望的情绪，甚至出现一些戏剧性的场面。几年前我辞职的时候亲身经历了这一切。

当时我在欧洲工作，和我共事的一位老同事——我们就叫他托米·塔格史密斯吧——他是我共事过的最有才华的人之一。那些年里，我们一起合作了很多项目，包括厕纸品牌重塑、应用程序品牌塑造等等。坦白讲，我做的很多优秀的作品都是和他一起合作的。几乎每天晚上6点钟的时候，我们都会各自打开一瓶啤酒，在我们的办公桌前讨论当天项目上遇到的难题，以及客户那些变态的需求。我们无数次一起加班加点赶在截止日期前完成项目。所以当我要离开工作室的那一天到来的时候，我感到这件事会很难办。

那是一个下雨的周五下午，在我们最喜欢的一个酒吧里，我把这个消息告诉了他："我要离开工作室，换一份新工作了。"托米盯着我，脸上一副我从来没见过的奇怪表情。他闭上眼睛，一动不动。虽然当时酒吧里面人很多，但那一刻似乎所有事情都暂停了下来。就好像《黑客帝国》里面那一幕，所有的东西都定格了，只有男主角和反派在半空中缓慢移动。然后托米突然朝着我喊了一声鲜血淋漓的"Fuuuuuuuuuck！"，"Fuuuuck！"，然后又是"Fuuuuuuuuuuuuuuuuuuuck！"，接着立刻走了出去。我当时真的觉得他可能会转身回来，赤手空拳把我打成肉饼。现在我们谈起那件事时都觉得很可笑，但是离开创意公司就像男女朋友分手。太难了。

> 把每一段职业关系想成一种永远不会真正结束、而是时不时以另一种形式出现的东西。

所有在一个优秀的创意团队工作过的人，都了解那种人与人之间形成的亲密关系。你们是拜把子兄弟，共同面对疯狂的工作室生活。你们一起面对疯狂的截止日期、神经过敏的客户，还有极端自我的创意总监。你们一起把创意卖出，一起分享成功的喜悦。当创意被嫉妒心爆棚的法务团队否决时，你们一起黯然神伤。你跟他们在一起的时间比跟自己老婆（或丈夫）和孩子的都多。你的团队是你另一个家。无论理由如何正当，跟你的团队说再见都很难。不过，应该有一些办法可以更好地处理这些状况。

不当混蛋，如何辞掉一份工作

你决定离职了。自我的创意总监总是让你周末加班做东西，你受够了。接下去，也许你想自己开工作室，也许你想和家里人搬到其他城市。无论你离开的原因是什么，请以一种专业、友善的方式离开。

向之前的团队提供长期的支持

在埃登斯皮克曼柏林工作的时候，我一直支持着前团队的工作。当他们找来新的团队领导之后，我向他们提供了好几周的指导和答疑。虽然我已经开始了我的新工作，但是我知道我有责任帮助他们平稳地交接。

无论公司规定提前告知的时间是多少，一定要提前很长时间告知

虽然这一点看起来不言而喻，但出人意料的是，很多创意工作者都做不到这一点。如果你的工作做得不是那么糟糕的话，你突然走了，工作室肯定会出现问题。我离职是提前两个月告知他们的。不过，这里雇主要注意一下：如果你想让大家做到这一点，你们的公司文化一定要让人感到自己受到重视。

亲自向所有人发一封感谢信

是的，你不用问，即便是给那个极端自我的创意总监，你也要发一封感谢信。大气一些，说些赞美的话，感谢他或者她对你的指导。

对自己之前的角色一定要高度评价

我在写文章或者在社交媒体上发表感想的时候，会时不时插播一条我在上家公司工作中的积极小事（虽然说我们现在是竞争对手的关系）。所以即便你痛恨你之前的工作，也要谨记这一点。

谈到员工离职后的平稳过渡，雇主也要扮演好自己的角色。有时候，员工能力已经超过了公司的需要。创意工作者为了自己的成长需要换个环境，获得不同的经验。我个人认为新手到中层的创意工作者在一个公司的时间不能超过3年。坦白讲，无论你的离开会对工作室造成多大的影响，我强烈建议年轻的创意工作者不要在同一个工作室工作超过3年。在职业生涯开始的时候，创意工作者在一个工作室能学到的东西就那么点，如果要成长的话，他们需要做一些不同的东西。所以，无论多难，听到员工说要离开的时候，雇主或者导师一定不要表现出失望。相反，请感谢他们的付出，祝他们一切顺利。

解雇

开除人是开公司必然要面对的事情,如果正确处理的话,并没有什么错。如果是出于正当的原因,该开除人的时候一定不要犹豫,不要感到内疚。创意公司首先最重要的是做生意,所以业务第一。不过,你也没必要做得像个混蛋。

无论什么原因,被开除对谁来说都是件羞耻的事情。而且,创意工作者比多数人都要更加敏感——所以他们很容易被击垮。总的来说,一点点有建设性的反馈和建议颇有用处。记住,一定要感谢他们的付出,强调他们的优点,然后,如果可能的话,建议他们接下来应该做些什么改进。提前一些时间把你的决定告诉他们,然后为他们写一封推荐信,如果可能的话,提供一笔遣散费,除非他们犯了不可饶恕的错误,比如把办公室的小狗偷偷弄死了。让一个人离开之前,你应该做以下几件事情。

明确指出他们应该提升的地方

如果这个人很契合你们公司的文化,你也真的认为他还有改进的机会,那就给他一次机会,提出一些清晰、可实现的目标,给他 30 天的时间去改善。这些目标应该是给他们一次机会,去改善他们那些让你想辞退他们的弱点。比如:一个创意工作者总是无法准时提交作品,那么在这 30 天的检查期内,他们就要展示出自己改善过的时间管理技巧。

他们是不是可以换个角色做做?

如果这个人性格很好,工作也很努力,辞退他们之前,问问自己他们是不是可以换个角色做?我遇到过好几次这种情况,最后都很成功。几年前我们招来一个视觉设计师,虽然他的视觉设计很差劲,但最后做策划却相当成功。我认识一个文案人员,虽然广告文案写得很一般,但后来他抓住机会转到了编辑团队,做得风生水起。

不当混蛋,怎么裁人?

裁人固然是一件不那么愉悦的事,但它可以以一种体面同时又不磨蹭的方式完成。这可不仅仅是简简单单提供遣散费这么简单。辞退团队一员的时候,请记住以下几点。

别拖

你的直觉很少出错。我曾经犯过一次错，让一个人留了下来，寄希望于他可以在我的指导和反馈下改善。并没有。其实我一直都知道他不适合这份工作，可能在别的地方会做得更好。你们不要犯这样的错，这对你自己和他们都不公平。一旦你觉得他们不适合这份工作，立刻让他们走。你可以给他们一次改正的机会，但是如果还没有改善的话，立刻让他们走。将来当他们找到适合自己技能的新工作，做得风生水起的时候，他们会回头感谢你的。

给他们一些时间去找新的工作

这里，不要死抠着规定不放。如果你们公司的规定是两周时间，但这个人要养活一大家子，给他们足够的时间去找新的工作，即使这意味着你可能要多损失几周的工资。

帮助他们寻找新的工作

也许为了工作室的发展，你需要缩减员工人数，辞退一个忠诚的员工。请帮助他们寻找新的工作。利用你的关系网络，把他们介绍给可能雇用他们的人。

给他们写推荐信

除非他们偷了公司的东西，或者违反了保密协议（NDA），或者真的谋杀了办公室里的狗狗，否则的话，一定要给他们写推荐信，毕竟你们也是同事一场。

后续事宜

记住，有人离职或是被辞退一定会给团队带来创伤。在中到大型公司工作过的人肯定都经历过这种被我称之为"摩西效应[1]"的事情：一两个人离职会导致一大批员工流失。为了避免这种情况发生，无论情况如何，有人离职或是被辞退都要小心翼翼地处理。

---

[1]《旧约·出埃及记》中先知摩西带领以色列人逃离埃及。——译者注

为什么不当混蛋
恰恰让你成了混蛋

创意团队需要思路清晰的领导；没有哪家公司是实行民主制度的。创意公司成功的关键十分简单：做出超级牛的作品。这比受人欢迎重要多了，也比让那些闷闷不乐的员工开心重要多了。

为了成功做出超级牛的作品，你偶尔得当个混蛋。如果需要你当混蛋的时候你办不到，作品质量就会受到影响，客户会流失，你也会赔钱，最终你甚至不得不关门大吉。到了这个地步，你可就真是个彻彻底底的混蛋了。

为了吸引顶级的人才，你需要创造一种环境，让这些人觉得自己在这种环境里可以做出这辈子最好的作品。也就是说工作室内部要有一定程度的良性竞争，大家互相激励，互相学习。比起向资深上级学习或者从课堂里成长来说，年轻一代的设计师从自己同伴身上学习到的东西更多。所以说，如果你有了最优秀的人才，他们不仅可以做出伟大的作品，而且他们互相学习的氛围还可以大幅提高你工作室作品的质量。

　　在正确的时间当好混蛋对你的成功十分关键。之前在埃登斯皮克曼的时候，我们在圣莫尼卡的初创公司由于人员扩张，需要搬到更大的办公室。我和我的合作伙伴必须做一个选择，是搬到洛杉矶市中心一个很酷的地方，还是就在西区（Westside）这边找个地方。我们的很多员工当时都住在洛杉矶西区，搬到市中心的话意味着每个人的通勤时间都要变长。但我们知道，随着工作室的快速发展，搬到市中心无论对业务增长还是对品牌定位（当时洛杉矶市中心聚集了很多设计

决策简化器

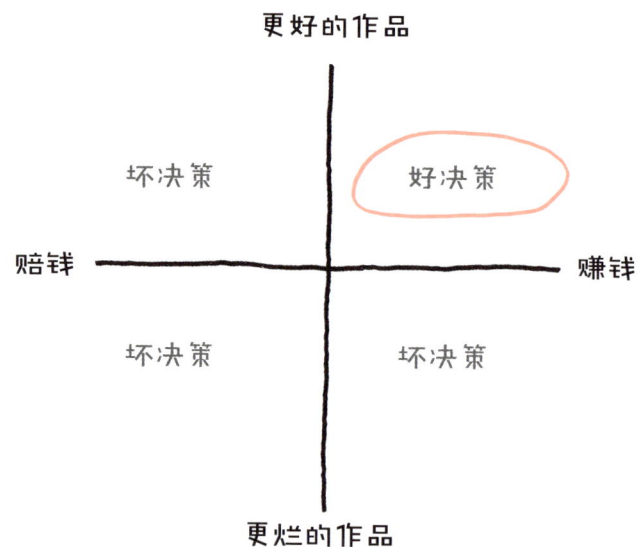

工作室）来说，都是最好的选择——虽然团队成员并不喜欢这个选择。当时，几乎所有人都痛恨我们的决定，很可能也恨我们。我们收到了不计其数的抱怨，不得不施展出各种能想到的办法把大家留在工作室。在新的办公地点工作一个礼拜之后，所有人都同意搬到市中心是我们做出的最棒的决定。有时候，你就是得当个混蛋，做对业务有益的决定。

为了做出行业里最优秀的作品，什么时候才需要我们去当混蛋呢？要想知道这个答案，你首先要了解下面这几件重要的事情。

当个控制狂……

在埃登斯皮克曼工作的时候，我们当时的环境是每个团队都有完全的自主权和决策权。但这里我还是要强调一点，你要了解你们工作室做出的每一件作品的每一个细节。原因有两点：首先，你要了解你们的项目都在做什么，他们的作品是不是足够创新，是不是达到了最高标准。要想成为一个设计团队成功的领导者，你需要知晓团队中所有的事情。哪个客户需要特别关注？哪个客户的东西可以让几个年轻人做？哪个客户的东西需要资深设计师亲力亲为？

其次，你要让你的人看到你。按照我的经验，参与到具体业务中、每天和员工交流的创意总监，比那些整天把自己关在办公室、把每个任务都委派给别人的业务总监，效率高得不是一星半点。后者很容易被人遗忘，也很少能做长久。

……但是别去微观管理

你把最优秀的人才招过来是要他们发光发热的。让他们自己掌控工作。他们很可能比你更加才华横溢。挑战他们。敦促他们。但是别事后批评他们。

敦促他们,直到他们开始恨你的程度

伟大的设计作品没有什么奥秘,全都是靠辛苦工作。其实,出作品的流程很简单:迭代[①]、迭代、再迭代。没有什么捷径。作为艺术总监、设计总监,或者创意总监,你的职责就是敦促、敦促、再敦促。每个设计师都想做出伟大的作品,如果你没有敦促他们,而导致他们在跟你共事几年后没有做出什么有价值的作品,那你才是真真正正的混蛋。

重压之下工作更出成果

可持续的工作状态(好)和无精打采的工作态度(坏)两者有着天壤之别。创意工作者应该正常上下班,但是在办公室的时候他们必须努力工作。重压之下,创意工作者会更加全神贯注,工作效果最好。如果没有截止日期,什么事情都不会完成的。在纽约工作的时候,我们肩上永远扛着压力。一个创意工作者或者一个创意团队在紧凑的时间要求下,靠着自己的工作热情做出来的优秀作品,总是让我感到惊艳。

设计不是搞民主

每一个任务,无论大小,都需要有负责人和完成目标。什么民主式领导的说法简直是扯淡。我们只有一个领导,只有一个蓝图。有意见我们欢迎,但是我们的决策不是通过委员会表决出来的。

如果人不够优秀,让他走

虽然这有些残酷,但是有些人不管他多么努力,就是没有做出伟大作品的技术和能力。通常他们进入优秀工作室是靠他们作品集里面的一些大型团队作品,而他们其实只负责了其中很小的一部分。学着找出这样的人——你需要把他们换

[①] 迭代是重复反馈过程的活动,其目的是逼近所需目标或结果。——编者注

到别的岗位上,或者直接让他们走。根据我的经验,有些创意工作者虽然没有亲手做出好作品的天赋,但他们在工作室里面还可以做一些重要的事情。虽然他们无法亲自做设计,但因为他们的设计知识储备得很扎实,许多人成了优秀的调研人员或者内容策划。

残酷的诚实虽然苦,但它是良药

  我在柏林工作了5年,毫不意外,和许多德国人共事过。这5年的工作经验成了我宝贵的财富。我最钦佩德国人(以及北欧人)的一点是他们完全不跟你扯淡的态度。如果你做的东西很烂,他们会直接告诉你。他们很诚实(虽然有时候有点残酷),不会像美国人或者英国人那样委婉地表达。虽然这种直接一开始会让人觉得有些不近人情(我见过很多次,我的美国同事和我德国的CEO谈话之后哭得一塌糊涂),但这种率真会让别人知道你真正的观点是什么。不用扯来扯去浪费时间。直接一些,诚实一些,虽然你说的话可能大家当时并不想听。但我想,大家应该都同意,如果我们少扯一些不着边际的话,这世界将更加美好。

好的决策	坏的决策
长期更受欢迎	短期内更受欢迎
赚钱	赔钱
可以让作品更好	只会让作品更烂
是理性客观的决定	带有个人的偏见
跟随自己的直觉	别人说你"应该"做什么就做什么
快速做的决定	磨磨蹭蹭做出的决定

该推倒重来，就不要犹豫

一个团队在项目上已经花费了好多时间，这时候让他们做得最艰难（也是最不情愿）的一件事就是推倒重来。但是，不得不说，有时候你想要做出伟大的作品就必须这么做。在一个平庸的作品上修修补补对谁都毫无益处，即便他们之前可能已经在那件平庸的作品上花费了好几周的时间。

几年前，我和一个团队一起设计一个要在时代广场举行的大型活动。团队工作了大约两周，做出了大约50个版本的活动方案。虽然这些方案都不错，但没有一个谈得上伟大或者说有得奖的实力。就在跟客户谈好的截止日期前一天，大家都累得筋疲力尽，我们已经准备在"矬子里面找将军"，找个不错的好准备第二天的展示。创意总监下午6点走了进来，他看了一眼我们的作品，把它撕得粉碎。我们当时差点跟他拼命。

但是，那天晚上11点钟，我们找到了最佳的解决方案。将自己的心血全部付之一炬是个大胆的决定，但也是个正确的决定。我要说的重点是：如果你觉得作品还不够好，撕碎，重来。好的作品值得你这么做。

> 如果你觉得作品还不够好，撕碎，重来。好的作品值得你这么做。

不当混雹宣言

不当混蛋宣言

1. 我要把自我留在家里。
2. 对待团队和客户,我要直接,真诚,礼貌。
3. 该表扬的时候,我要表扬。
4. 我要让自己的人做好自己的事,不能去微观管理。
5. 我要取消浪费时间的会议。
6. 我要为每一个项目写一个恰当的简报。
7. 我要给出清晰、有益的反馈。
8. 我要让团队成员展示他们自己的作品。
9. 我要竭尽全力保证大家不需要在深夜或周末加班。
10. 我要回复所有的求职申请。
11. 要解雇人的时候,我要公正、礼貌。
12. 我要在公司努力创建一个多样、包容的文化。
13. 我要给实习生发补贴。

---- 剪 下 并 挂 在 办 公 室 中 ----

致谢

这本书刚开始只是我自己的一个小想法。这个想法出现的机缘是有一次我和一个朋友就"创意行业就必须没日没夜地加班?"这个问题吵得不亦乐乎。2015年我从柏林搬家到纽约,一直到2017年3月我在大熊湖镇一个偏远的小屋子里坐下来开始写书,这两年里我一直在思考这些问题。书里面的观点当然不是开天辟地的新观点,甚至都不一定是原创的——它们只是一些常识。

很多灵感都是在柏林和埃里克·斯皮克曼共事的时候被激发出来的。能和埃里克在埃登斯皮克曼共事多年,从实习生一直做到公司的首席创意官,确实是我的荣幸。埃里克从不扯淡的态度以及他对"不混蛋"的公司文化的重视一直影响着我,对此我深怀感激。

最后,也是最重要的一点,没有为我一直付出的妻子诺拉就没有这本书的出版问世。在我的职业生涯里,她一直是我前进的动力。是诺拉鼓励我把一系列断断续续的想法和闲言碎语整理成(稍微)连贯的形式,供你们阅读。

关于作者

保罗·伍兹是一位屡获大奖的设计师、作者和插画师。现居住于洛杉矶。他在埃登斯皮克曼是负责创意和科技团队的首席创意官,为很多行业(包括出版、金融、可持续发展和交通等)提供产品设计、品牌推广以及服务设计的工作。

在15年的设计生涯中,保罗负责过的项目客户主要有红牛、谷歌、摩根士丹利、时代公司等等。保罗主张以用户为中心的设计,所以他的作品极为重视最终用户。作为设计界和科技界的管理者,他的文章经常出现在 Fast Company(快公司)、AdWeek 以及 Communication Arts 等网站。

在业余时间,保罗是一名插画家,也是讽刺行业网站 Adloids 的联合创办人之一。他和他的妻子诺拉现居住于帕萨迪纳,养了一条很顽皮的巴吉度短腿猎犬。

他讨厌以第三人称写的文章。

关于译者

韩大力,天津外国语大学英文系毕业,上海外国语大学口译硕士,现就职于非知名互联网企业,业余从事翻译和写作。